KB212865

清涼國師華嚴經疏鈔

청량국사화엄경소초 18

여래현상품 ①

청량징관 찬술 · 관허수진 현토역주

운주사

천이백 년 침묵의 역사를 깨고

오늘도 나는 여전히 거제만을 바라본다.

겹겹이 조종하는 산들

산자락 사이 실가닥 저잣길을 지나 낙동강의 시린 눈빛

그 너머 미동도 없는 평온의 물결 저 거제만을 바라본다.

십오 년 전 그날 아침을 그리며 말이다.

나는 2006년 1월 10일 은해사 운부암을 다녀왔다.

그리고 그날 밤 열한 시 대적광전에서 평소에 꿈꾸어 왔던『청량국사 화엄경소초』완역의 무장무애를 지심으로 발원하고 번역에 착수하였다.

나의 가냘픈 지혜와 미약한 지견으로 부처님의 비단과도 같은 화장 세계에 청량국사의 화려하게 수놓은 소초의 꽃을 피워내는 긴 여정을 시작한 것이다.

화엄은 바다였고 수미산이었다.

그 바다에는 부처님의 용이 살고 있었고

그 산에는 부처님의 코끼리가 노닐고 있었다.

예쁘게 단장한 청량국사 소초의 꽃잎에는 부처님의 생명이 태동하고 있었고,

겁외의 연꽃 밭에는 영원히 지지 않는 일승의 꽃이 향기를 뿜어내고

있었다.

그 바다 그 산 그리고 그 꽃밭에서 10년 7개월(구체적으로는 2006년 1월 10일부터 2016년 8월 1일까지) 동안 자유롭게 노닐었다.

때로는 산 넘고 강 건너 협곡을 지나고

때로는 은하수 별빛 따라 오작교도 다니었다.

삼경 오경의 그 영롱한 밤

숨쉬기조차 미안한 고요의 숭고함

그 시공은 영원한 나의 역경의 놀이터였다.

애시당초 이 작업은 세계 인문학의 자존심

내가 살아 숨쉬는 이 나라 대한민국 그리고 불교의 자존심에 기인한 것이다.

일찍이 그 누가 이 청량국사의 『화엄경소초』를 완역하였다면 나는 이 작업을 하지 않았을 것이다.

지금도 여전히 완역자는 없다.

더욱이 이 『청량국사화엄경소초』의 유일한 안내자 인악스님의 『잡화기』와 연담스님의 『유망기』도 그 누가 번역한 사실이 없다.

그러나 내 손안에 있는 두 분의 『사기』는 모두 다 번역하여 주석으로 정리하였다.

이 청량국사 화엄경의 소는 초를 판독하지 않으면 알 수가 없다.

그래서 그 이름을 구체적으로 대방광불화엄경수소연의초大方廣佛華嚴經隨疏演義鈔라 한 것이다.

즉 대방광불화엄경의 소문을 따라 그 뜻을 강연한 초안의 글이라는 것이다.

청량국사는 『화엄경』의 소문을 4년(혹은 5년) 쓰시되 2년차부터는 소문과 초문을 함께 써서 완성하시고 5년차부터 8년 동안 초문을 쓰셨다.

따라서 그 소문의 양은 초문에 비하면 겨우 삼분의 일에 지나지 않는다 할 것이다.

나는 1976년 해인사 강원에서 처음 『청량국사화엄경소초 현담』 여덟 권을 독파하였고,

1981년부터 3년간 금산사 화엄학림에서 『청량국사화엄경소초』를 독파하였다.

그때 이미 현토와 역주까지 최초 번역의 도면을 완성하였고,

당시에 아쉽게 독파하지 못한 십정품에서 입법계품까지의 소초는 1984년 이후 수선 안거시절 해제 때마다 독파하여 모두 정리하였다.

그러나 번역의 기연이 맞지 않아 미루다가 해인사 강주시절 잠시 번역에 착수하였으나 역시 기연이 맞지 않아 미루었다.

그리고 드디어 2006년 1월 10일 번역에 착수하여 2016년 8월 1일 십만 매 원고로 완역 탈고하고, 2020년 봄날 시공을 초월한 사상 초유 『청량국사화엄경소초』가 1,200년 침묵의 역사를 깨고 이 세상에 처음 눈을 뜨게 된 것이다.

번역의 순서는 먼저 입법계품의 소초, 다음에는 세주묘엄품 소초에서 이세간품 소초까지, 마지막으로 소초 현담을 번역하였다.

번역의 형식은 직역으로 한 글자도 빠뜨리지 않고 번역하였다. 따라서 어색하게 느껴지는 곳도 있을 것이다.

예를 들면 소所 자를 "바"라 하고, 지之 자를 지시대명사로 "이것, 저것"이라 하고, 이而 자를 "그러나"로 번역한 등이 그렇다.

판본은 징광사로부터 태동한 영각사본을 뿌리로 하였고, 대만에서 나온 본과 인악스님의 『잡화기』와 연담스님의 『유망기』와 또 다른 사기 『잡화부』(잡화부는 검자권부터 광자권까지 8권만 있다)를 대조하여 번역하였다.

앞에서 이미 말한 것처럼, 그 누가 청량국사의 『화엄경소초』를 완역한 적이 있었다면 나는 이 번역에 착수하지 않았을 것이다.

지금까지 이 황금보옥黃金寶玉의 『청량국사화엄경소초』가 번역되지 아니한 것은 나에게 주어진 시대적 사명이고 역사적 명령이라 생각한다.

나는 이 『청량국사화엄경소초』의 완역으로 불조의 은혜를 갚고 청량국사와 은사이신 문성노사 그리고 나를 낳아준 부모의 은혜를 일분 갚는다 여길 것이다.

끝으로 이 『청량국사화엄경소초』가 1,200년의 시간을 지나 이 세상에 눈뜨기까지 나와 인연한 모든 사람들 그리고 영산거사 가족과 김시열 거사님께 원력의 보살이라 찬언讚言하며, 나의 미약한 번역으로 선지자의 안목을 의심케 할까 염려한다.

마지막 희망이 있다면 이 『청량국사화엄경소초』의 완역 출판으로 청량국사에 대한 더욱 깊고 넓은 연구와 『화엄경』에 대한 더욱 다양한 연구가 이루어지기를 바라는 것뿐이다.

장세토록 구안자의 자비와 질책을 기다리며 고개 들어 다시 저 멀리 거제만을 바라본다.

여전히 변함없는 저 거제만을.

2016년 8월 1일 절필시에 게송을 그리며

長廣大說無一字 장광대설무일자

無碍眞理亦無義 무애진리역무의

能所兩詮雙忘時 능소양전쌍망시

劫外一經常放光 겁외일경상방광

화엄경의 장대한 광장설에는 한 글자도 없고

화엄경의 걸림없는 진리에는 또한 한 뜻도 없다.

능전의 문자와 소전의 뜻을 함께 잊은 때에

시공을 초월한 경전 하나 영원히 광명을 놓누나.

불기 2566년 음력 1월 10일 최초 완역장

승학산 해인정사 관허 수진

● 화엄경소초현담 華嚴經疏鈔玄談(1~8)

● 화엄경소초 華嚴經疏鈔

1. 세주묘엄품 世主妙嚴品

2. 여래현상품 如來現相品

3. 보현삼매품 普賢三昧品

4. 세계성취품 世界成就品

5. 화장세계품 華藏世界品

6. 비로자나품 毘盧遮那品

7. 여래명호품 如來名號品

8. 사성제품 四聖諦品

9. 광명각품 光明覺品

10. 보살문명품 菩薩問明品

11. 정행품 淨行品

12. 현수품 賢首品

13. 승수미산정품 昇須彌山頂品

14. 수미정상게찬품 須彌頂上偈讚品

15. 십주품 十住品

16. 범행품 梵行品

17. 초발심공덕품 初發心功德品

18. 명법품 明法品

19. 승야마천궁품昇夜摩天宮品

20. 야마천궁게찬품夜摩天宮偈讚品

21. 십행품十行品

22. 십무진장품十無盡藏品

23. 승도솔천궁품昇兜率天宮品

24. 도솔천궁게찬품兜率天宮偈讚品

25. 십회향품十廻向品

26. 십지품十地品

27. 십정품十定品

28. 십통품十通品

29. 십인품十忍品

30. 아승지품阿僧祇品

31. 여래수량품如來壽量品

32. 보살주처품菩薩住處品

33. 불부사의법품佛不思議法品

34. 여래십신상해품如來十身相海品

35. 여래수호광명공덕품如來隨好光明功德品

36. 보현행품普賢行品

37. 여래출현품如來出現品

38. 이세간품離世間品

39. 입법계품入法界品

영인본 3책 宿字卷之一

대방광불화엄경수소연의초 제육권의 일권

大方廣佛華嚴經隨疏演義鈔 第六卷之一卷

우진국 삼장사문 실차난타 번역
청량산 대화엄사 사문 징관 찬술
대한민국 조계종 사문 수진 현토역주

여래현상품 제이의 일권
如來現相品 第二之一卷

將釋此品에 四門分別하리라 一은 來意요 二는 釋名이요 三은 宗趣
요 四는 釋文이라 然下諸品에 多用此四호대 若有增減인댄 至文當
辯하리라 今初來意中二니 先은 分來요 後는 品來라 今初三分之中
에 自下는 正宗이니 由致旣彰인댄 正宗宜顯일새 故次來也니라
四分之中에 已明敎起因緣인댄 次辯說法儀式일새 故次來也니라
二品來者는 曲有二義니 一은 前辯衆集하고 今顯疑現相이라 二는
前明舊衆하고 今辯新集일새 故次來也니라

장차 이 현상품을 해석하려 함에 사문四門으로 분별하겠다.
첫 번째는 여기에 온 뜻이요
두 번째는 이름을 해석한 것이요
세 번째는 종취宗趣요
네 번째는 경문을 해석한 것이다.
그러나 이 아래 모든 품품에 다분히 이 사문四門을 이용하되 만약
증·감이 있다면 문장에 이르러 마땅히 분별하겠다.

지금은 처음으로 여기에 온 뜻 가운데 두 가지가 있나니

먼저는 정종분이 여기에 온 뜻이요

뒤에는 현상품이 여기에 온 뜻이다.

지금은 처음으로 삼분三分 가운데 이 아래부터는 정종분이니,

유치由致[1]가 이미 나타났다면 정종을 마땅히 나타내어야 하기에

그런 까닭으로 서분 다음에 온 것이다.

사분 가운데 이미 교기인연분을 밝혔다면 다음에 설법의식을 분별해

야 하기에[2] 그런 까닭으로 교기인연분 다음에 온 것이다.

두 번째 현상품이 여기에 온 뜻은 자세하게 두 가지 뜻이 있나니

첫 번째는 앞에서는 중해운집衆海雲集을 분별하였고, 지금에는 보살

과 세주들이 의심함에 모습을 나타낸[3] 것을 나타내는 것이다.

두 번째는 앞에서는 구舊 대중을 밝혔고, 지금에는 신新 대중을

---

1 유치由致란, 理由이니 곧 序分이다.

2 다음에 설법의식을 분별해야 한다고 한 것은, 뒤에 삼품(여기 여래현상품 이후
오품 가운데 뒤에 삼품이니 세계성취품과 화장세계품과 비로자나품이다)의 바로
설법하는 것을 상대한 까닭으로 다음에 이품(세주묘엄품 다음 이품이니 여래현상
품과 보현삼매품이다)으로써 우선 설법하는 의식이라 이름한 것이나, 만약
모습을 현시하여 답한 것을 잡는다면 곧 또한 이것은 바로 답한 것이니 삼분
가운데 여기로부터 정종분에 속하는 까닭이다. 이상은 『잡화기』의 말이다.
이 아래 오품 가운데 처음에 이품인 여래현상품과 보현삼매품은 설법하기
전 의식이고, 뒤에 삼품인 세계성취품과 화장세계품과 비로자나품은 바로
설법하는 바를 진술한 것이다.

3 원문에 금현의현상今顯疑現相은 보살과 세주世主들이 부처님의 여러 가지
모습을 의심함에 부처님이 여러 가지 지위·경계·힘 등의 모습을 나타내는
것이다.

분별하기에 그런 까닭으로 세주묘엄품 다음에 온 것이다.

鈔

四分之中者는 四分은 卽擧果勸樂生信等四分이라 以四分科인댄 第
一會는 名擧果勸樂生信分이니 六品分三하리라 初品은 明敎起因緣
分이요 次二品은 明說法儀式分이요 後三品은 正陳法海分이라 初分
已竟일새 次有說法儀式의 二品經來니 此是四分科中에 第一分內의
三分之中에 第二分來이나 擧其大科일새 故云四分之中이라하니 對
前序正流通三故니라

사분 가운데라고 한 것은 사분四分은 곧 거과권락생신분 등 사분
이다.
사분으로 과목한다면 제일회는 이름이 거과권락생신분이니 일회에
여섯 품을 셋으로 분류하겠다.
처음 품品은 교기인연분을 밝힌 것이요
다음에 두 품은 설법의식분을 밝힌 것이요
뒤에 세 품은 정진법해분을 밝힌 것이다.
처음 교기인연분이 이미 끝났기에 다음에 설법의식에 이품경이
여기에 옴이 있나니,
이것은 사분으로 과목하는 가운데 제일에 거과권락생신분 안의
삼분 가운데 제이에 설법의식분이 여기에 온 것이지만, 그 큰 과목을
거론하였기에 그런 까닭으로 말하기를 사분 가운데라 하였으니

앞에 서분·정종분·유통분의 삼분을 상대한 까닭이다.

疏

二에 釋名者는 一은 分名이니 正宗者는 正陳宗旨니 揀序流通이라
若四分中에 名擧果勸樂生信者인댄 擧依正果하야 勸物信樂이니
是故로 亦名所信因果며 亦名說佛依果會니 以從多說故니라

두 번째 이름을 해석한다고 한 것은 첫 번째는 분의 이름이니,
정종분이라고 한 것은 바로 종지를 진술한 것이니 서분과 유통분을
가리는 것이다.
만약 사분 가운데[4] 이름을 거과권락생신분이라고 하였다면 의보와
정보의 과보를 거론하여 중생에게 믿음의 즐거움을 권하는 것이니,
이런 까닭으로 또한 이름을 소신인과라고도 하며 또한 이름을 부처
임의 의보의 과보를 설하는 회(說佛依果會)라고도 하나니 과보를
설함이 많음을 좇은 까닭이다.

---

4 만약 사분 가운데라고 한 등은 거과권락생신분 가운데 이미 삼분이 있었다면
곧 마땅히 앞에 교기인연분을 상대하여 설법의식분(여래현상·보현삼매품)의
이름을 해석한 것이나, 이것은 또한 반드시 서분과 정종분과 유통분의 삼분을
상대한 까닭으로 다만 사분 가운데〔거과권락云云, 수인계과云云, 탁법진云云,
의인증입云云 (혹 돈증법계분)〕처음에 거과권락생신분의 이름만 총석한 것이다.
역시 『잡화기』의 말이다.

鈔

以從多說者는 此通妨難이라 然有二妨하니 一云호대 以文從義科中
엔 名所信因果라하고 經中엔 復有遮那品因거늘 何以問答相屬科中
엔 但名擧果勸樂生信分이라하며 隨其本會科中엔 但名說佛依果會
耶아할새 故此答云호대 以多說果하고 以因少故니 如河少水를 亦名
無水며 如乳有水를 但名爲乳인달하야 勸物信樂코자 宜擧果故라하니
라 第二妨云호대 上云擧佛依正二果하야 勸物信樂거늘 何故隨會엔
但言說佛依果會耶아할새 故此答云호대 多說依果하고 少說正故라
하니라 亦以本意는 在於依果니 正報之果는 第二會去에사 方始說故
니라

과보를 설함이 많음을 좇은 까닭이라고 한 것은 이것은 방해하여
비난함을 통석한 것이다.

그러나 두 가지 방해하여 비난非難함이 있나니

첫 번째 방해하여 말하기를 이문종의以文從義 과목 가운데서는 이름

---

5 이문종의以文從義라고 한 것은 『현담』 제십에 별해문의別解文義의 십례十例
가운데 하나이다. 별해문의 십례는 一은 본부삼분과本部三分科이니 삼분은
一은 서분이니 세주묘엄품이고, 二는 정종분이니 여래현상품 이하이다. 三은
유통분이니 입법계품 등 칠석七釋이 있다. 그러나 청량스님은 원법사遠法師처
럼 입법계품 안에 선재 이하로 유통분을 삼았다. 二는 문답상속과問答相屬科요,
三은 이문종의과以文從義科요, 四는 전후섭첩과前後攝疊科요, 五는 전후구쇄과
前後鉤鎖科요, 六는 수품장분과隨品長分科요, 七는 수기본회과隨其本會科요, 八
은 본말대위과本末大位科요, 九는 본말변수과本末徧收科요, 十은 본말무진과本

을 소신인과라 하고 경문 가운데서는 다시 자나품인遮那品因이 있거늘 무슨 까닭으로 문답상속問答相屬 과목 가운데서는 다만 이름을 거과권락생신분이라고만 하였으며, 수기본회隨其本會 과목 가운데서는 다만 이름을 설불의과회說佛依果會라고만 하였는가 하기에, 그런 까닭으로 여기에 답하여 말하기를 과보를 설함이 많고 원인을 설함이 적은 까닭이니, 마치 시내에 물이[6] 적은 것을 또한 이름하여 물이 없다고 하는 것과 같으며, 마치 우유에 물이 있는 것을 다만 이름하여 우유라 하는 것과 같아서 중생에게[7] 믿음의 즐거움을 권하려고 마땅히 과보를 거론한 까닭이다 하였다.

제 두 번째 방해하여 말하기를 위에서 이르기를 부처님의 의보와 정보의 두 가지 과보를 거론하여 중생에게 믿음의 즐거움을 권하였거늘 무슨 까닭으로 수기본회의 과목에서는 다만 말하기를 설불의과회라고만 하였는가 하기에, 그런 까닭으로 여기에 답하여 말하기를 의보의 과보를 설함이 많고 정보의 과보를 설함이 적은 까닭이다 하였다.

또한 본래의 뜻은 의보의 과보에 있나니 정보의 과보는 제이회

末無盡科이다.

6 마치 시내에 물이 운운한 것은, 물과 우유의 비유는 결과론(果)적으로 말하였다는 것이다.

7 중생에게 믿음의 즐거움을 권한다고 한 등은, 강사가 말하기를 앞에 뜻을 거듭 나타낸 것이나 그러나 또한 이것은 초문밖에 다른 뜻이니, 곧 아래(두 줄 뒤) 또한 본래의 뜻은 저 의보에 있다 한 등의 예이다. 이상은 『잡화기』의 말이다.

이후에사 바야흐로 처음 설하는 까닭이다.

疏

二에 品名者는 如來는 是能現之人이요 相은 是所現之法이요 現은 通能所니 能所合說하고 體用雙陳하야 以立其稱이라 然이나 如來 現相이 各有五義하야 以成其十이니 如來五者는 一은 就理顯이니 謂法性名如요 出障名來라 二는 唯就行이니 瑜伽云호대 言無虛妄 일새 故名如來라하며 涅槃三十二도 亦同此說하니라 三은 理智合 說이니 轉法輪論云호대 第一義諦名如요 正覺名來니 正覺이 第一 義諦일새 故名如來라하니 此與成實로 大同하니라 四는 離相說이 니 般若云호대 如來者는 無所從來며 亦無所去일새 故名如來라하 니라 五는 融攝說이니 謂一如無二如니 若理若智와 若開若合이 無不皆如일새 故名爲如요 如外無法일새 來亦卽如니 如是來者가 是眞如來니라 現相五者는 一은 現面門光相하야 召十方衆이요 二 는 現眉間光相하야 示說法主요 三은 振動刹網하야 以警群機요 四는 佛前現華하야 表說依果요 五는 白毫出衆하야 表敎從佛流라 如是等相이 是如來現相이니 品中辯此일새 故以爲名이니라

두 번째 품의 이름은[8] 여래는 이 능히 나타내는 사람이요
상相은 이 나타낼 바 법이요

---

8 두 번째 품의 이름이라고 한 것은 앞에 첫 번째는 분의 이름(分名)이었다.

현現은 능인能仁과 소법所法에 통하나니, 능과 소를 합하여 설하고
자체와 작용9을 함께 진술하여 그 이름10을 세운 것이다.

그러나 여래와 현상現相이 각각 다섯 가지 뜻이 있어서 그 열 가지를
이루나니,

여래의 다섯 가지11는 첫 번째는 이理에 나아가 나타낸 것이니
말하자면 법성을 여如라 이름하고 장애를 벗어난 것을 래來라 이름하
는 것이다.

두 번째는 오직 행行에만 나아가 나타낸 것이니,

『유가론』에 말하기를 말이 허망함이 없기에 그런 까닭으로 이름을
여래라 한다 하였으며,

『열반경』 삼십이권12에도 또한 여기에서 설한 것과 같다.

세 번째는 이理와 지智를 합하여 설한 것이니,

『전법륜론』13에 말하기를 제일의제를 여如라 이름하고 정각을 래來

---

9 자체와 작용이라고 한 것은 여래의 자체와 작용이니 『잡화기』에 말하기를
  여래는 곧 자체이고, 현상은 작용이라 하였다.
10 그 이름이란 여래현상품如來現相品의 이름이다.
11 여래의 다섯 가지라고 한 것은, 『잡화기』에 말하기를 첫 번째 이理에 나아가
  나타낸다고 한 것은 법신이고, 두 번째 행에 나아가 나타낸다고 한 것은
  화신이고, 세 번째 이理와 지智를 합하여 설한다고 한 것은 보신이고, 네
  번째 상을 떠나 설한다고 한 것은 곧 함께 앞에 삼신이 아니고, 다섯 번째
  융섭하여 설한다고 한 것은 곧 앞에 삼신을 모두 융섭하는 것이니 가히
  알 수 있을 것이다 하였다.
12 『열반경』 삼십이권은 북장경北藏經 30권이고, 남장경南藏經 28권이다.
13 『전법륜론轉法輪論』은 제2권이다.

라 이름하나니 정각이 제일의제이기에 그런 까닭으로 여래라 이름한다 하였으니

이것[14]은 『성실론』으로 더불어 대동하다.

네 번째는 상相을 떠나 설한 것이니,

『대품반야』[15]에 말하기를 여래는 좇아온 바도 없으며 또한 간 바도 없기에 그런 까닭으로 여래라 이름한다 하였다.

다섯 번째는 융섭하여 설한 것[16]이니,

말하자면 하나의 여如일 뿐 두 가지 여如가 없나니 혹 이理와 지智와 혹 개開와 합습이 다 여如가 아님이 없기에 그런 까닭으로 이름을 여如라 하고, 여밖에 법이 없기에 래來도 또한 곧 여如이니 이와 같이 온 사람이 이 참 여래이다.

현상의 다섯 가지는 첫 번째는 면문面門에 광명의 모습을 나타내어 시방의 대중을 부르는 것이요

두 번째는 미간에 광명의 모습을 나타내어 설법주說法主[17]를 보인 것이요

세 번째는 국토 그물 세계를 진동하여 중생을 깨닫게 한 것이요

네 번째는 부처님 앞에 꽃을 나타내어 의보의 과보 설함을 표한 것이요

---

14 이것이란, 『전법륜론轉法輪論』이다.

15 『대품반야』는 제16권이다. 또 금강경 제29분에도 있다.

16 원문에 융섭설融攝說은 앞의 넷을 융섭하여 말한다는 것이다.

17 설법주說法主는 보현보살普賢菩薩이다.

다섯 번째는 백호에 대중을 내어 가르침이 부처님으로 좇아 유출함을 표한 것이다.

이와 같은 등의 모습이 이 여래 현상이니,

이 현상품 가운데 이것을 분별하였기에 그런 까닭으로 여래현상품이라 이름하는 것이다.

鈔

涅槃三十二者는 卽是北經이니 是樹提伽長者의 父之親友가 讚佛功德云호대 長者여 如來世尊이 於一切法에 知見無礙일새 故名爲佛이며 發言無二일새 故名如來며 斷煩惱故로 名阿羅訶니 世尊所說은 終無有二라하니라 釋曰 無二는 卽是無虛妄也니라 此與成實로 大同者는 成實云호대 乘如實道하고 來成正覺일새 故曰如來라하니 乘如實道는 卽第一義요 來成正覺은 卽正覺名來니 以如實道가 亦通萬行일새 故言大同이라하니라 若理若智等者는 若理卽第一釋이요 若智는 卽第二釋이요 若開는 卽雙明前二요 若合者는 第三釋이라 其第四釋은 義通理智하고 亦兼開合이니 謂例大品云인댄 諸法如가 卽是佛이며 諸法如가 則無來無去라하니 此則唯約理釋이요 二는 云心無動搖하고 智絶眞妄이라하니 則約智說無有來去요 三은 若以心無來去인댄 方契如如하야 體無來去라하니 則通合說이라 故但判爲離相釋耳니 以離一切相을 名諸佛故니라 現相五者下는 二에 釋現相이라 然이나 五各二句니 一句는 辯相이요 一句는 辯意라 如一云現面門光相者는 辯現相也요 召十方衆者는 卽彰所以니 下四例然하니라

『열반경』삼십이권[18]이라고 한 것은 곧 이 북장경이니,
이 수제가 장자의 아버지 친우親友가 부처님의 공덕을 찬탄하고
말하기를 장자여, 여래세존이 일체 법에 알고 보는 것이 걸림이
없기에 그런 까닭으로 이름을 부처라 하며,[19]
말을 함에 두 말이 없기에 그런 까닭을 이름을 여래라 하며,
번뇌를 끊은 까닭으로 이름을 아라하阿羅訶[20]라 하나니
세존께서 설하시는 바는 마침내 둘이 없다 하였다.
해석하여 말하면 둘이 없다는 것은 곧 이 허망함이 없다는 것이다.

이것은『성실론』으로 더불어 대동하다고 한 것은, 『성실론』에 말하
기를 여실한 길을 타고 와서 정각을 성취하기에 그런 까닭으로
말하기를 여래라 한다 하였으니,
여실한 길을 탄다고 한 것은 곧 제일의를 여如라 이름한다 한 것이요,
와서 정각을 성취한다고 한 것은 곧 정각을 래來라 이름한다 한
것이니
여실한 길(道)이 또한 만행에 통하기에 그런 까닭으로 말하기를
대동하다 하였다.

혹 이理와 지智라고 한 등은 혹 이理는 곧 여래의 다섯 가지 해석에

---

18 삼십이권三十二卷은 삼십권三十卷이다.
19 復問佛云何名如來佛이라는 아홉 글자는 없어야 한다. 『잡화기』는 경을 준함
   에 마땅히 없어야 한다고 하였다.
20 아라하阿羅訶는 아라한阿羅漢이니, 응공應供이다.

제일 첫 번째 해석이요

혹 지智는 곧 제 두 번째 해석이요

혹 개開는 곧 앞에 두 가지 해석을 함께 밝힌 것이요

혹 합合은 제 세 번째 해석이다.

그 제 네 번째 해석은 뜻이 이理와 지智에 통하고 또한 개開와 합合도 겸하였나니,

말하자면 『대품반야』를 예로 하여 이른다면 제법의 여여한 것이 곧 이 부처이며, 제법의 여여한 것이 곧 옴도 없고 감도 없는 것이다 하였으니 이것은 오직 이理만을 잡아서 해석한 것이요,

두 번째는 말하기를 마음이 동요가 없고 지혜가 진·망을 끊었다 하였으니 곧 지智를 잡아서 오고 감이 없음[21]을 설한 것이요

세 번째는 만약 마음이 오고 감이 없다면 바야흐로 여여에 계합하여 자체가 오고 감이 없다 하였으니 곧 합설合說[22]에 통하는 것이다. 그런 까닭으로 다만 과판하여 이상석離相釋[23]을 삼았을 뿐이니 일체 상을 떠난 것을 이름하여 제불諸佛이라 하는 까닭이다.

현상現相의 다섯 가지라고 한 아래는 두 번째 현상을 해석한 것이다.

---

21 원문에 무유래거無有來去라는 네 글자(四字)는 『대품경』을 기준함에 또한 없나니, 곧 이것은 초가가 첨가한 바 글이다. 바로 아래 만약 마음이(若以心云云)라 한 등도 『대품경』 문이 아니지만, 그러나 이 초가가 뜻으로 합하여 성립한 것이다. 역시 『잡화기』의 말이다.

22 합설合說은 제삼第三에 이지합설理智合說이다.

23 이상석離相釋은 제사第四에 이상석이다.

그러나 다섯 가지에 각각 두 구절이 있나니
한 구절은 모습을 분별한 것이고
한 구절은 뜻을 분별한 것이다.
첫 번째는 면문에 광명의 모습을 나타내었다고 말한 것과 같은[24]
것은 현상現相을 분별한 것이요
시방의 대중을 부른다고 한 것은 곧 그 까닭을 밝힌 것이니
이 아래에 네 가지도 예가 그렇다 하겠다.

疏

三에 宗趣者는 亦二니 一은 分宗이니 三分正宗은 已如上說이요
四分之宗은 卽以佛果無邊刹海가 具三世間하야 無盡自在일새
故以爲宗이요 令諸菩薩로 發生淨信하야 修行涉求로 以之爲趣니
라 二는 品宗者니 以光相으로 表示爲宗이요 令上智로 玄悟爲趣니라

세 번째 종취라고 한 것은 또한 두 가지가 있나니
첫 번째는 분分의 종취이니
삼분三分[25]에 정종분은 이미 위에서 설한 것과 같은[26] 것이요,
사분四分[27]의 종취는 곧 불과佛果의 끝없는 국토 바다가 삼종세간을

24 여일如一이라 한 여如 자는 오구五句가 있기에 여如 자가 있는 것이다.
25 삼분三分은 서분과 정종분과 유통분이다.
26 이미 위에서 설한 것과 같다 한 것은 곧 제 두 번째 이름을 해석(釋名)한
   것을 가리키는 것이라고 『잡화기』는 말한다.
27 사분四分이라고 한 것은 거과권락생신분등 사분四分이다.

구족하여 끝없이 자재하기에 그런 까닭으로 종宗을 삼고, 모든 보살
로 하여금 청정한 믿음을 내어 수행을 겪고 불과를 구하게 함으로
취趣[28]를 삼는 것이다.

두 번째는 품品의 종취이니

광명의 모습으로 표시함으로써 종宗을 삼고, 상지上智로 하여금
깊이 깨닫게 함으로써 취趣를 삼는 것이다.

鈔

卽以佛果無邊刹海者는 然華藏海는 猶自有邊이니 有金剛輪山蓮
華外故며 此外에 更有別刹海故라 而彼文云호대 法界無差別이라하
니 已無邊矣라 況世界成就品云호대 十方刹海叵思議를 佛無量劫
皆嚴淨케하며 爲化衆生使成熟케하야 出興一切諸國土라하며 又偈
中云호대 所說無邊衆刹海를 毘盧遮那悉嚴淨케하시니 世尊境界不
思議며 智慧神通力如是라함이리요 則刹無邊矣라 言具三世間者는
無邊刹海는 卽器世間이요 毘盧遮那遍興은 卽智正覺이요 刹網所持
와 如來所化는 卽衆生世間이라 言自在者는 三種世間이 互相卽入하
고 隱顯重重하야 皆無礙故니 華藏偈云호대 華藏世界所有塵의 一一
塵中見法界하며 寶光現佛如雲集하나니 此是如來刹自在라한 故니

---

28 취趣라고 한 것은 곧 마땅히 사람으로 하여금 믿고 알고 수행하고 증득케
한다 말해야 할 것이지만, 그러나 분의 종취(四分의 종취)를 비례하여 가히
알게 하는 까닭으로 또한 그렇게 말하지 아니한 것이다. 역시 『잡화기』의
말이다.

라 無盡之義는 卽是無邊이니 況三皆無盡이리요

곧 불과의 끝없는 국토 바다라고 한 것은 그러나 화장세계의 바다[29]는
오히려 스스로 끝이 있나니 금륜산 연화장 밖에 있는 까닭이며,
이 세계 밖에 다시 별도의 국토 바다가 있는 까닭이다.
그러나 저 경문[30]에 말하기를 법계가 차별이 없다 하였으니 이미
끝이 없다는 것이다.
하물며 세계성취품에 말하기를
시방의 국토 바다 그 사의하기가 어려운 것을
부처님이 한량없는 세월에 다 장엄하고 청정케 하였으며
중생을 교화하여 하여금 성숙케 하기 위하여
일체 모든 국토에 출흥하신다 하였으며

또 게송 가운데[31] 말하기를
설한 바 끝없는 수많은 국토 바다를
비로자나가 다 장엄하여 청정케 하시니
세존의 경계가 사의할 수 없으며
지혜와 신통력도 이와 같다 한 것이겠는가.
곧 국토가 끝이 없다는 것이다.

---

29 品 자는 海 자의 잘못이다.
30 저 경문經文은 화장세계품華藏世界品이다. 저 경문 以上은 有邊을 말하고,
   저 경문 以下는 無邊을 말한다.
31 원문에 게중偈中은 세계성취품世界成就品 게송 가운데이다.

삼세간을 구족하였다고 한 것은 끝없는 국토 바다는 곧 기세간이요,
비로자나가 두루 출흥하신 것은 곧 지정각세간이요,
국토 그물 세계의 부지할 바와 여래의 교화할 바는 곧 중생세간이다.
자재라고 말한 것은 삼종세간이 서로서로 즉입卽入하고 은隱·현顯이
중중하여 다 걸림이 없는 까닭이니,

화장세계품 게송[32]에 말하기를
화장세계에 있는 바 티끌의
낱낱 티끌 가운데 법계를 보며
보배광명에 부처님을 나타내는 것이 마치 구름이 모이는 것과 같나니
이것은 이 여래가 국토(세계)에 자재한 것이다 한 까닭이다.
끝없이라고 한 뜻은 곧 이것은 무변하다는 것이니, 하물며 삼종세간
이 다 끝이 없는 것이겠는가.

疏

四에 釋文者는 此下二品은 說法儀式이니 是當分方便이라 卽分爲
二하리니 初現相品은 爲遠方便이요 後三昧品은 爲近方便이라 今

---

32 화장세계품 게송이라고 한 것은 두 가지 뜻이 있나니, 하나는 위(바로 앞에)를
  향하여 자재라는 뜻을 성립한 것이니 화장세계의 티끌 가운데 부처님이
  나타남이 있는 까닭이고, 또 하나는 아래(두 줄 뒤에)를 향하여 다함이 없다는
  뜻을 성립한 것이니 세계 가운데 티끌이 있고 티끌 가운데 세계가 있는
  까닭이다. 역시 『잡화기』의 말이다.

初一品을 大分爲六하리니 一은 衆海同請이요 二는 光召有緣이요
三은 所召雲奔이요 四는 現瑞表說이요 五는 稱揚佛德이요 六은
結通無窮이라 今初니 先以五門으로 料揀諸會請問之殊니 一은
問之有無요 二는 所問法異요 三은 能問人別이요 四는 儀式不同이
요 五는 疑之權實이라

네 번째 경문을 해석한다고 한 것은 이 아래에 두 품[33]은 설법의식이니
이것은 당분當分의 방편이다.
곧 나누어 두 가지로 하리니
처음에 현상품은 원방편遠方便이 되는 것이요
뒤에 삼매품은 근방편近方便이 되는 것이다.
지금은 처음으로 현상품 한 품을 크게 나누어 여섯 가지로 하리니
첫 번째는 중해衆海가 같이 청하는 분分이요
두 번째는 광명으로 인연 있는 이를 부르는 분이요
세 번째는 부르는 곳에 구름처럼 분주하게 모이는 분이요
네 번째는 상서를 나타내어 설함을 표하는 분이요
다섯 번째는 부처님의 공덕을 칭양하는 분이요
여섯 번째는 다함이 없음을 맺어 통석하는 분이다.
지금은 처음으로 먼저 오문五門으로써[34] 모든 회에서 청문한 것이

---

33 아래에 두 품(下二品)이란, 여래현상품如來現相品과 보현삼매품普賢三昧品이다.
34 먼저 오문으로써라고 한 등은, 만약 제오문(第五門은 의문의 방편과 진실)이라면
   곧 비록 모든 회와 다름이 없으나, 의문이 작은 것으로써 많은 것을 좇는
   까닭이라고 『잡화기』는 말한다.

다름을 헤아려 가린 것이니

첫 번째는 물음이 있기도 하고 없기도 한 것이요

두 번째는 묻는 바(所問) 법이 다른 것이요

세 번째는 능히 묻는(能問) 사람이 다른 것이요

네 번째는 청문하는 의식이 같지 않는 것이요

다섯 번째는 의문의 방편과 진실이다.

疏

初中에 前二後二의 此四는 有問이요 中五皆無니 謂初會는 標果起因故問이요 第二會는 尋因至果故問거늘 但因有升降일새 寄六會以答之하고 果無差別일새 第七當會答也니라 然諸會에 更有問者는 並當會別義니 以總收之하고 或重明於前이언정 非大位問이라 第八會는 明因果純熟일새 故須有問이니 謂行修無礙하며 六位頓成일새 故當會答이요 第九會는 明稱性因果일새 故別有問이니 謂俱入法界無差別故로 亦當會答이라 四處가 都有三百一十句問이니 謂初及第二는 各四十問이요 第八은 二百이요 第九는 三十이니 中本廣本은 問則難思니라

처음 가운데 앞에 이문二門과 뒤에 이문二門의[35] 이 사문四門은 물음이 있고 중간에 오문五門은 다 물음이 없나니,

---

[35] 앞에 이문二門과 뒤에 이문二門이라고 한 등은 앞에 이문二門은 一과 二이고, 뒤에 이문二門은 八과 九이다.

말하자면 초회는 과보(果)를 표하여 원인(因)을 일으키는 까닭으로 질문한 것이요

제이회는 원인(因)을 찾아 과보(果)에 이르는 까닭으로 질문하거늘, 다만 원인이 오르고 내림이 있기에 육회六會를 의지하여 답하고 과보가 차별이 없기에 제칠第七회의 당회堂會에서 답한 것이다. 그러나 모든 회에 다시 질문이 있는 것은 아울러 당회의 별의別義일 뿐이니 총의總義로써 그 별의別義를 거두고, 혹 앞의 뜻을 거듭 밝힌 것일지언정 대위大位³⁶를 질문한 것은 아니다.

제팔회는 인과가 순숙함을 밝히기에 그런 까닭으로 반드시 질문이 있나니 말하자면 행行과 수修³⁷가 걸림이 없으며, 육위六位³⁸를 문득 성취하기에 그런 까닭으로 당회에서 답한 것이요,

제구회는 자성에 칭합한 인과를 밝히기에 그런 까닭으로 따로 질문이 있나니 말하자면 법계 무차별의 세계에 함께 들어가는 까닭으로 또한 당회에서 답한 것이다.

사처四處³⁹가 모두 삼백열한 구절의 물음이 있나니

말하자면 초회와 그리고 제이회는 각각 사십 구절의 물음이요

제팔회는 이백 구절의 물음이요

제구회는 삼십 구절의 물음이니

---

36 원문에 대위大位란, 구회九會 전체全體이다.

37 행行은 전육위前六位이고, 수修는 제위諸位이다.

38 원문에 육위六位란, 십신十信·십주十住·십행十行·십향十向·십지十地·불지佛 地(혹 十住, 十行, 十向, 十地, 等覺, 妙覺)이다.

39 원문에 사처四處란 초회初會, 제이회第二會, 제팔회第八會, 제구회第九會이다.

중본中本과 광본廣本의 『화엄경』은 그 물음을 곧 사의하기 어렵다.

鈔

初會는 標果起因者는 擧果는 卽是標果요 勸樂生信은 卽是起因이라
第二會者는 次第修因은 卽是尋因이요 契果는 卽爲至果라 果無差別
者는 有二義하니 一은 對上六會不同일새 今但第七의 一會中答거니
와 由第七會의 六品是因일새 不言一會答也라 二者는 不對前六하고
但第七會中六品은 因圓이요 五品은 果滿이니 與因同會일새 故云當
會라하며 當會는 因圓中에 卽明果滿일새 故云當會라하니라 此中에
應有問云호대 若果無差別인댄 何不別一會答가할새 故今答云호대
欲顯因圓에 便得果滿일새 故當會答이라하니라 若更別會인댄 便與
因圓으로 不相攝故니라 故前六品은 望前是因이요 望後屬果니라

초회는 과보를 표하여 원인을 일으킨다고 한 것은 거과擧果는 곧
이 과보를 표한(標果) 것이요
권락생신勸樂生信은 곧 이 원인을 일으킨(起因) 것이다.
제이회라고 한 것은 차례로 원인을 닦는(修因) 것은 곧 이 원인을
찾는 것이요
과보에 계합契合하는 것은 곧 과보에 이르는(至果) 것이다.
과보가 차별이 없다고 한 것은 두 가지 뜻이 있나니[40]

첫 번째는 위에 육회를 상대함에 같지 않기에 지금에 다만 제칠회 한 회 가운데서 답한다고 하였거니와[41] 제칠회에 육품이 이 원인(因)임을 인유하기에 제칠회 한 회에서 답한다고 말한 것은 아니다. 두 번째는 앞에 육회를 상대하지 않고 다만 제칠회 가운데 육품은 원인이 원만(因圓)한 것이요, 오품은 과보가 원만(果滿)한 것이니, 원인으로 더불어 같은 회(同會)[42]이기에 그런 까닭으로 말하기를 당회當會라 하며,[43] 당회는 원인이 원만한 가운데 곧 과보가 원만함을

제칠회 한 회에서만 곧 답한 것이다. 그렇다면 곧 마땅히 말하기를 제칠회 한 회에서 답한 것이라 말할 것이지만, 제칠회 가운데 앞에 육품은 원인에 속하여 일회가 다 과보가 아닌 까닭으로 다만 당회라고만 말하고 일회라고 말하지 아니한 것이다. 뒤에 뜻은 곧 제칠회의 당회라는 말이 이 앞에 육회를 상대함에 같지 않은 것은 아니니, 말하자면 앞에서 육회를 이미 제칠회의 앞에 육품을 겸하고 있다 말한 까닭으로, 지금에는 다만 이에 저 제칠회 당회에서 곧 그 과보를 답한 것만 밝힌 것이다. 이상은 『잡화기』의 말이나 다소 난삽하다. 차라리 여기 초문을 자세히 보면 이해가 더 쉽다 하겠다.

41 중답中答"이니" 吐라고 『잡화기』는 말한다. '거니와' 吐는 나의 토이다. 중답운운中答云云은 혹은 中答"호련만은" 吐라 하니, 그렇다면 곧 처음에 뜻은 앞에 육회를 상대하여 원인을 가린 까닭으로 당회라 말한 것이고, 제칠회 가운데는 뒤에 오품과果의 답한 곳을 절실하게 가리킨 것이다. 뒤에 뜻은 앞에 육회를 상대하지 않고 제칠회의 육품인과 오품과가 같은 처소인 까닭으로 당회라 말하며, 또 앞에 육품은 원인이 원만한 곳에 과보가 원만함을 밝히기에 당회라 말한다 하니, 뒤의 뜻 가운데 스스로 두 가지 뜻이 있다고 보는 것이기에 당회라 "하며"(영인본 화엄 3책, p.390, 6행) 吐라 하니 『잡화기』의 말이다.

42 원문에 동회同會는 因果가 모두 다 제칠회第七會이다.

43 당회當會라 "하며": 당회"는" 吐라고 『잡화기』는 말한다.

밝혔기에 그런 까닭으로 말하기를 당회라 한 것이다.

이 가운데[44] 어떤 사람이 물어 말하기를 만약 과보가 차별이 없다면 어찌 한 회에서 답한다고 한 것과 다르지 않겠는가 하기에, 그런 까닭으로 지금에 답하여 말하기를 원인이 원만함에 문득 과보가 원만함을 얻음을 나타내고자 하기에 그런 까닭으로 당회에서 답한 것이다 하였다.

만약 다시 다른 회(別會)라면 문득 원인이 원만한 것으로 더불어 서로 섭수하지 못하는 까닭이다.

그런 까닭으로 앞에 육품은 앞을 바라봄에[45] 원인(因)이고, 뒤를 바라봄에 과보에 속하는 것이다.[46]

然諸會下는 通妨이라 爲有問言호대 九會之中에 皆有問答거늘 何判唯四고 如第二會中엔 十首相問하며 第三會中엔 正念天子와 及天帝釋이 俱問法慧하며 第四會中엔 精進林問하고 功德林答하며 第六會中엔 解脫月問하고 金剛藏答하며 第七會中엔 大衆이 念問如來功德거니 豈非問耶아 唯第五會가 無有別問거늘 何得獨判唯四會問가할

---

44 이 가운데라고 한 등은, 뒤에 뜻 가운데 있어서 방해함을 통석한 것이다고 『잡화기』는 말한다.

45 앞을 바라본다고 한 등은, 말하자면 여기에 육품이 앞에 오회의 원인을 바라본다면 곧 다 같이 원인이 되고, 뒤에 오품의 과보를 바라보면 곧 또한 과보에 속하나니 원인이 원만한 것이 곧 이 과보가 원만한 것이다. 역시 『잡화기』의 말이다.

46 원문에 망전望前의 前이란 전오회前五會의 因이고, 망후望後의 後란 후오품後五品의 果이다.

새 故今答云호대 並當會別義耳라하니라 以總收別者는 第二會問은
但十信收하고 第三會問은 卽十住收하고 第四會問은 卽十行十藏에
所收等이니 故云以總收之라하니라 或重明者는 如不思議法品十問
이 但重擧第二會初에 後十問耳니 謂已答因竟하고 將欲答果나 因果
懸絶일새 故於果初에 重復念請이니 亦表果德이 是所重故니라 第八
會는 明因果純熟者는 初會已信하고 次七已解일새 故云純熟이라하
니라 謂行修無礙下는 彰當會答由라 由二義故로 當會答之니 一은
行修無礙故니 謂取前六位에 所修之行하야 諸位通修하고 不隨位局
일새 故云無礙라하며 旣沒位名인댄 則無優劣일새 故當會答이라 二者
는 六位頓成이니 設爾有位라도 一時頓成이 異乎約解의 差別因果일
새 故一會答이라 此云當會者는 當會問答이라 第九會는 明稱性因果
者는 謂旣證法界인댄 則異前八이니 前八은 但明於信及解行故니라
四處都有下는 結成問數라

그러나 모든 회라고 한 아래는 방해함을 통석한 것이다.
어떤 사람이 물어 말하기를 구회九會 가운데 다 묻고 답한 것이
있거늘 어찌 오직 사회四會[47]에서만 물었다고 독판獨判하였는가.
저 제이회 가운데서는 십수보살이 서로 질문하였으며
제삼회 가운데서는 정념천자와 그리고 천제석이 함께 법혜보살에게
물었으며
제사회 가운데서는 정진림이 묻고 공덕림이 답하였으며

---

[47] 원문에 사회四會는 초회初會, 이회二會, 팔회八會, 구회九會이다.

제육회 가운데서는 해탈월이 묻고 금강장이 답하였으며

제칠회 가운데서는 대중이 생각으로 여래의 공덕을 물었거니 어찌 물은 것이 아니겠는가.

오직 제오회만이 달리 물은 것이 없거늘 어찌 사회四會에서만 물었다고 독판獨判함을 얻겠는가 하기에, 그런 까닭으로 지금에 답하여 말하기를 아울러 당회堂會에 별의別義일 뿐이다 하였다.

총의로써 그 별의를 거둔다고 한 것은 제이회에서 질문한 것은 다만 십신품에서 거두고

제삼회에서 질문한 것은 곧 십주품에서 거두고

제사회에서 질문한 것은 곧 십행품과 십장품에서 거두는 바인 등[48]이니 그런 까닭으로 말하기를 총의로써 그 별의를 거둔다 하였다.

혹 거듭 밝힌다고 한 것은 불부사의법품[49]에 열 가지 질문이 다만 제이회 초에 뒤에 열 가지 질문[50]을 거듭 거론한 것과 같나니, 말하자면 이미 원인을 답하여 마치고 장차 과보를 답하고자 하지만 인·과가 현격(懸絶)하기에 그런 까닭으로 과초果初에서 거듭 다시 염청念淸하였으니, 또한 과덕果德이 소중한 바임을 표한 까닭이다.

제팔회는 인과가 순숙함을 밝힌다고 한 것은 초회에서 이미 믿었고

---

48 등이란, 오회는 십향十向, 육회는 십지十地, 칠회는 십정十定·십통十通·십인十忍, 팔회는 이세간품離世間品, 구회는 입법계품入法界品이다.

49 불부사의법품은 제칠회이다.

50 뒤에 열 가지 질문이라고 한 것은 이회二會 초에 사십四十 가지 질문 가운데 뒤에 열 가지 질문이다. 그러나 『잡화기』는 二十問이라 하고 채자권菜字卷 상권 6장을 보라 하였다.

차례로 칠회에서[51] 이미 알았기에 그런 까닭으로 말하기를 순숙하다 하였다.

말하자면 행과 수가 걸림이 없다고 한 아래는 당회堂會에서 답한 이유를 밝힌 것이다.

두 가지 뜻을 인유한 까닭으로 당회[52]에서 답하였나니

첫 번째는 행과 수가 걸림이 없는[53] 까닭이니,

말하자면 앞의 육위六位에서 닦은 바 행을 취하여 모든 지위(諸位)를 다 닦고 지위를 따라 국한하지 않기에 그런 까닭으로 말하기를 걸림이 없다고 하였으며, 이미 지위의 이름(位名)이 없다면 곧 우優·열劣이 없는 것이기에 그런 까닭으로 당회에서 답한 것이다 하였다.

두 번째는 육위를 문득 성취하는 것이니,

설사 그대가 한 지위에 있다 할지라도 일시에 문득 육위를 성취하는 것이 앞에 해解의 차별인과를 잡은 것과는 다르기에 그런 까닭으로 여기 제팔회의 한 회에서[54] 답한 것이다.

여기에서 당회라고 말한 것은[55] 당회에서 묻고 답한 것이다.

---

51 초회 운운은 초회는 믿음(信)이고, 다음에 칠회는 이회로부터 칠회까지이니 아는 것(解)이다.

52 당회란, 여기서는 제팔회이다.

53 행과 수가 걸림이 없다고 한 것은, 『잡화기』에 말하기를 말하자면 앞의 육위 가운데는 닦은 바 행이 지위를 따라 각각 다르거니와, 이 가운데는 앞의 육위에서 닦은 바 행을 취하여 모든 지위를 다 닦고 지위를 따라 국한하지 않기에 그런 까닭으로 그 지위의 이름이 없다 하였다.

54 제팔회의 한 회는 행行이다.

55 여기에서 당회라고 말한 것이라 한 등은, 이 가운데는 한 회와 더불어 당회가

제구회는 자성에 칭합한 인과를 밝힌다고 한 것은 말하자면 이미
증법계證法界라면 곧 앞의 팔회와는 다르나니, 앞의 팔회는 다만
믿음(信)과[56] 그리고 해해와 행행만을 밝혔을 뿐인 까닭이다.
사처四處가 다 삼백열한 구절의 물음이 있다고 한 아래는 질문한
숫자를 맺어 성립한 것이다.

疏

二에 所問異者는 初兩會問은 果廣因略이니 爲成信解故요 第八
會問은 因廣果略이니 爲成行故요 第九會問은 全同初會나 而因
擧主佛之因은 明因是果因이니 顯唯證故니라

두 번째 묻는 바(所問) 법이 다르다고 한 것은 처음 이회二會에서
질문한 것은 과보(果)를 광문廣問하고 원인(因)을 약문略問하였나니
신信·해해를 성취하기 위한 까닭이요
제팔회에서 질문한 것은 원인을 광문하고 과보를 약문하였나니
행行을 성취하기 위한 까닭이요
제구회에서 질문한 것은 초회初會와 온전히 같지만 그러나 원인에
주불主佛의 원인을 거론한 것은 원인이 이 과보의 원인임을 밝힌

그 뜻이 서로 같나니, 전래의 한 회와 당회의 다름이 있는 것과는 같지
않은 것이라고 『잡화기』는 말하고 있다.
56 다만 믿음(信) 운운은 초회는 信이고, 이회로부터 칠회는 解이고, 팔회는
行이고, 구회는 證이다.

것이니 오직 증인證因임을 나타낸 까닭이다.

鈔

初兩會者는 初會의 四十句問에 初二十句는 問果요 次十句는 通問
因果요 唯後十句는 問因일새 故云因略이라하니라 第二會의 四十問
에 唯第二十句는 問因이요 餘三十句는 皆是問果일새 故云果廣이라
하니라 初會는 爲成於信이니 擧果令信故요 第二會는 爲成於解니 果
相難知일새 故廣擧之니라 第九會問者는 此中十因은 皆云一切菩薩
이라하니 卽通餘也요 法界中十因은 但云顯示如來가 往昔趣求한 一
切智心과 往昔所起한 菩薩大願等이라하니 故是主佛之因이라 言明
因是果因等者는 釋成第九에 擧主佛因義니 謂因是得佛竟因이요
非是菩薩正修之因이니 因果皆證入故니라

처음 이회라고 한 것은 초회의 사십 구절의 질문에 처음 이십 구절은
과보를 질문한 것이요
다음에 열 구절은 인과를 함께 질문한 것이요
오직 뒤에 열 구절만은 원인을 질문한 것이기에 그런 까닭으로
말하기를 원인을 약문하였다고 하였다.
제이회의 사십 구절의 질문에 오직 제 두 번째 열 구절만은 원인을
질문한 것이요
나머지 삼십 구절은 다 과보를 질문한 것이기에 그런 까닭으로
말하기를 과보를 광문하였다고 하였다.

초회初會는 신信을 성취하기 위한 것이니 과보를 거론하여 하여금
믿게 하는 까닭이요

제이회는 해解를 성취하기 위한 것이니 과보의 모습은 알기 어렵기에
그런 까닭으로 폭넓게 그 과보의 모습을 거론하였다.

제구회에서 질문한 것이라고 한 것은 이 가운데 십인十因은 다 말하기
를 일체 보살이라 하였으니 곧 나머지에 통하는 것이요

법계품 가운데 십인十因은 다만 말하기를 여래가 지나간 옛날에
나아가 구한 일체 지혜의 마음과 지나간 옛날에 일으킨 바 보살의
큰 서원 등을 현시한 것이다 하였으니,

그런 까닭으로 이것은 주불主佛[57]의 원인이다.

원인이 이 과보의 원인임을 밝힌다고 한 등은 제구회에 주불主佛의
인의因義를 거론한 것을 해석하여 성립한 것이니,

말하자면 원인은 부처를 얻어 마친 원인이고 보살이 바로 수행하는
원인이 아니니 인과가 다 증입證入[58]인 까닭이다.

疏

三에 能問人異者는 初及第九는 皆同生異生의 二衆齊問이니 以
所問法에 衆同依故요 第二會中엔 唯同生問이니 以所入位에 同

---

57 주불主佛은 비로자나불毘盧遮那佛이다.

58 원문에 인과개증입因果皆證入은 제팔회第八會는 성행인과成行因果이고, 제구
   회第九會는 증입인과證入因果라는 것이다.

生勝故요 八唯同生의 一人自問이니 以造修之行을 各自成故니라

세 번째 능히 묻는(能問) 사람이 다르다고 한 것은 초회와 그리고
제구회는 동생同生과 이생異生의 두 대중이 같이 질문한 것이니
질문한 바 법에 대중이 다 의지하는 까닭이요
제이회 가운데는 오직 동생同生 대중만이 질문하였나니 들어갈 바
지위에 동생同生이 수승한 까닭이요
제팔회는 오직 동생 대중의 한 사람만이 스스로 질문하였나니[59]
나아가 닦은 행行을 각각 스스로 성취하는 까닭이다.

疏

四에 請問儀式은 復有二義하니 一은 約言念이요 二는 約通別이라
初中에 請有二種하니 一言二念이라 答亦有二하니 一은 言答이요
二는 示相이라 交絡相望에 應成九句나 在文唯四라 初會之中에
具二問答하니 謂現相品에 長行念請이요 供聲言請이며 初光示法
主와 現華表義와 現衆表教는 卽示相答이라 三昧品中엔 以言重
請이요 下之三品은 亦以言答이라 第二會는 唯念請이요 如來示相
答이며 菩薩言說答이니 佛心自在일새 不待興言이요 佛力殊勝일
새 現相能答이라 第八會는 言請言答이니 此顯菩薩이 不同佛故니
라 第九會는 念請示相答이니 顯以心傳心하야 唯證相應이니 離言

---

59 한 사람만이 스스로 질문하였다고 한 것은, 한 사람이 스스로 질문한 뜻이
곧 나머지 사람의 뜻이라고 『잡화기』는 말하고 있다.

說故니라 二에 通別者는 初後二會는 別問通答이요 二八兩會는
別問別答이라 又初會도 亦得是別問別答이니 次文當明하리라

네 번째 청문하는 의식이 같지 않다고 한 것은 다시 두 가지 뜻이
있나니
첫 번째는 말과 생각으로 청문함을 잡은 것이요
두 번째는 통通과 별別로 청문함을 잡은 것이다.
처음 가운데 청문함이 두 가지가 있나니
첫 번째는 말로써 청문한 것이요
두 번째는 생각으로써 청문한 것이다.
답에도 또한 두 가지가 있나니
첫 번째는 말로써 답한 것이요
두 번째는 모습을 보여 답한 것이다.
서로 잇고 서로 바라봄에 응당 아홉 구절을 이룰 것이지만 문장에는
오직 네 구절만 있다.
초회 가운데 두 가지 문답을 구족하였나니 말하자면 현상품에 장행長
行은 생각으로 청한 것이요, 공양구에 소리를 낸[60] 것은 말로 청한
것이며,
처음에 빛으로 법주를 보인 것과 꽃을 나타내어 뜻을 표한 것과
대중을 나타내어 가르침을 표한 것은 곧 모습을 나타내어 답한
것이다.

---

60 원문에 공성供聲은 供具에 云聲하야 說偈言이라고 한 것이니, 이 아래 영인본
　　화엄 3책, p.447, 11행에 있다.

삼매품 가운데는 말로써 거듭 청한 것이요

아래 삼품[61]은 또한 말로써 답한 것이다.

제이회는 오직 생각으로 청한 것이요,

여래가 모습을 나타내어 답한 것이며 보살이 말로써 답한 것이니,

부처님의 마음은 자재하기에 말을 일으킴을 기다리지 않는 것이요,

부처님의 힘은 수승하기에[62] 모습을 나타내어 능히 답한 것이다.

제팔회는 말로써 청한 것이요 말로써 답한 것이니,

이것은 보살이 부처님과 같지 아니함을 나타내는 까닭이다.

제구회는 생각으로 청한 것이요 모습을 나타내어 답한 것이니,

마음으로써 마음을 전하여 오직 증득한 이라야 상응하나니 말을 떠난 까닭이다.

두 번째 통과 별로 청문함을 잡았다고 한 것은

초회와 후회의 이회二會는 따로 묻고 한꺼번에 답한 것이요

제이회와 팔회의 이회는 따로 묻고 따로 답한 것이다.

또 초회도 또한 여기에 따로 묻고 따로 답한다고 함을 얻나니

다음 문장에서 마땅히 밝히겠다.

---

61 삼품三品은 세계성취품世界成就品과 화장세계품華藏世界品과 비로자나품毘盧遮那品이다.

62 원문에 불심자재佛心自在 이하는 염청念請을 상대한 말이고, 불력수승佛力殊勝 이하는 시상답示相答을 상대한 말이다.

鈔

交絡相望者는 一은 言請言答이요 二는 言請示相答이요 三은 念請言答이요 四는 念請示相答이요 五는 言請言及示相答이요 六은 念請言及示相答이요 七은 言念請言答이요 八은 言念請示相答이요 九는 言念請言說及示相答이라 初四는 以單望單이요 次二는 以單問對複答이요 次二는 以複問對單答이요 後一은 複問複答이라 今會는 正當第九요 第二會는 卽第六句요 第八會는 卽第一句요 第九會는 卽第四句라

서로 잇고 서로 바라본다고 한 것은 첫 번째는 말로써 청하고 말로써 답한 것이요

두 번째는 말로써 청하고 모습을 보여 답한 것이요

세 번째는 생각으로 청하고 말로써 답한 것이요

네 번째는 생각으로 청하고 모습을 보여 답한 것이요

다섯 번째는 말로써 청하고 말과 그리고 모습을 보여 답한 것이요

여섯 번째는 생각으로 청하고 말과 그리고 모습을 보여 답한 것이요

일곱 번째는 말과 생각으로 청하고 말로써 답한 것이요

여덟 번째는 말과 생각으로 청하고 모습을 보여 답한 것이요

아홉 번째는 말과 생각으로 청하고 말과 그리고 모습을 보여 답한 것이다.

처음에 사구四句는 단문單問으로써 단답單答을 바라본 것이요

다음에 이구二句는[63] 단문으로써 복답復答[64]을 상대한 것이요

다음에 이구二句는[65] 복문復問으로써 단답을 상대한 것이요
뒤에 일구一句는[66] 복문으로써 복답한 것이다.
지금 회(今會)는 바로 제 아홉 번째 구절에 해당하는 것이요
제이회二會는 곧 제 여섯 번째 구절에 해당하는 것이요
제팔회八會는 곧 제일 첫 번째 구절에 해당하는 것이요
제구회九會는 곧 제 네 번째 구절에 해당하는 것이다.

疏

第五에 疑之權實者는 問諸王菩薩이 位皆圓極거늘 何得有疑리요
할새 有云호대 爲衆生疑故라하며 有云호대 希佛果故라하며 又顯
因果懸隔故라하니라 然上二解에 初權後實이니 並皆有理하고 可
通餘敎니라 然此經中에 若實若權이 無非法界之疑니 以疑爲有
力하야 與所說證으로 爲緣起故니라 此事舊爾며 海印頓現일새 疑
之與答이 念念常疑하며 念念常斷이 其猶像模에 因模之高하야
成像之下하며 因模之下하야 成像之高하나니 緣起法界가 理應爾
故니라

제 다섯 번째 의문의 방편과 진실이라고 한 것은, 묻기를 모든

---

63 다음에 이구二句는 五句와 六句이다.
64 원문에 복複 자는 복復 자와 통용이다.
65 다음에 이구二句는 七句와 八句이다.
66 뒤에 일구一句는 제9구第九句이다.

왕[67]과 보살이 지위가 다 원만하고 지극하거늘 어찌 의심이 있음을
얻겠는가 하기에, 어떤 사람이 말하기를 중생을 위하여 의문하는
까닭이다 하였으며

어떤 사람이 말하기를 불과佛果를 바라며 의문하는 까닭이다 하였
으며

또 인과가 현격함을[68] 나타내려고 의문하는 까닭이다 하였다.

그러나 위에 두 가지 해석에 처음 해석은 방편이요, 뒤에 해석은
진실이니 아울러 다 일리가 있고 가히 여교餘教[69]에도 통하는 것이다.

그러나 이『화엄경』 가운데 혹 진실과 혹 방편이 법계의 의문이
아님이 없나니,

의문으로써 유력有力을 삼아 설하고 증득할 바로 더불어 연기[70]를
삼는 까닭이다.

이런 사실은[71] 옛날부터 그러하며, 해인海印에 문득 나타나기에 의문
과 더불어 회답이 생각생각에 항상 의문하며,

생각생각에 항상 끊어지는 것이 그것이 마치 형상(像)을 본뜸(模)에
그 본(模)의 높은 것을 인하여[72] 형상의 낮은 것을 이루며,

---

67 원문에 제왕諸王이란, 세주世主이다.

68 인과가 현격하다고 한 것은 다만 인과가 분명하다는 뜻뿐이고, 원융을 상대하
   여 현격하다는 것은 아니라고『잡화기』는 말하고 있다.

69 여교餘教란,『화엄경』 밖에 소승교, 대승교 등이다.

70 연기라고 한 것은, 의문은 연緣이 되고, 회답은 기起가 된다고『잡화기』는
   말한다.

71 이런 사실이란, 법계연기의 사실이다.

72 본(模)의 높은 것을 인한다고 한 등은, 대개 그릇을 주조하는 법이 본(模)이

그 본(模)의 낮은 것을 인하여 형상의 높은 것을 이루는 것과 같나니,
연기의 법계가 이치가 응당 그러한 까닭이다.

鈔

然此經中下는 申正義니 非斥權實이 爲不當理라 但成緣起가 有異
昔人이라 言此事舊爾者는 法界之中에 法爾有此疑與答故니라 海印
頓現者는 疑之與答은 皆佛現故니라 由上二義일새 故로 疑答皆常이
라 其猶像模者는 假以喩顯이니 以模喩疑하고 以像喩答이니 像因模
有하고 答假疑成이라

그러나 이 『화엄경』 가운데라고 한 아래는 바른 뜻을 편 것이니,
방편과 진실이 이치에 합당하지 않는다고 배척하는 것이 아니라
다만 연기를 성립하는 것이 옛날 사람과 다름이 있을 뿐이라고
말하는 것이다.
이런 사실은 옛날부터 그러하다고 말한 것은 법계 가운데 법이
그렇게 이런 의문과 더불어 회답이 있는 까닭이다.
해인에 문득 나타난다고 한 것은 의문과 더불어 회답을 다 부처님이
나타내는 까닭이다.
위에 두 가지 뜻을[73] 인유하기에 그런 까닭으로 의문과 답이 다

볼록 나오면(凸-高) 형상(像)이 곧 오목하게 들어가고(凹-下), 본이 오목하게
들어가면 곧 형상이 볼록하게 나오는 까닭이다. 역시 『잡화기』의 말이다.
73 위에 두 가지 뜻이란, 이런 사실은 옛날부터 그러하다 한 것과 해인삼매에

항상 한 것이다.

그것은 마치 형상을 본뜨는 것과 같다고 한 것은 비유로써 나타냄을
가자한 것이니,

본(模)으로써 의문에 비유하고 형상(像)으로써 회답에 비유한 것이니,

형상(像)은 본(模)을 인하여 있고 회답은 의문을 가자하여 이루어지
는 것이다.

문득 나타난다 한 것이다.

經

爾時에 諸菩薩과 及一切世間主가 作是思惟호대

그때에 모든 보살과 그리고 일체 세간의 주인들이 이와 같이 사유
하되

疏

次正釋文이라 文分二別하리니 先은 長行念請이요 後는 供聲偈請
이라 前中亦二니 先은 擧人標念이니 謂盡於衆海가 皆希佛境하며
並欲利生하며 成緣起門일새 故標同念이라

다음은 바로 경문을 해석한 것이다.[74]
문장을 나누어 두 가지로 분별하리니
먼저는 장행에서 생각으로 청한 것이요,
뒤에는 공양구에 소리를 내어 게송으로 청한 것이다.
앞의 생각으로 청한 가운데 또한 두 가지가 있나니
먼저는 사람을 거론하여 생각을 표한 것이니,
말하자면 모든 중해衆海가 다 부처님의 경계를 희망하며 아울러
중생을 이익케 하고자 하며 연기문을 이루고자 하기에 그런 까닭으

---

74 다음은 바로 경문을 해석한 것이라고 한 것은, 먼저는 오문五門으로써 모든
   회에서 청문한 것이 다름을 헤아려 가린 것(영인본 화엄 3책, p.388, 10행)이고,
   그리고 지금 여기에 다음은 바로 경문을 해석한 것이다 한 것이다.

로 다 생각으로 청함을 표한 것이다.

疏

二에 云何下는 正顯問端이라 有四十句하니 且分二別하리라 前二十句는 直爾疑念請이요 後二十句는 引例擧法請이라 準義二文을 皆應具擧나 互有影略하야 不欲繁辭니라 故下偈中엔 更不引例하고 合二處文하야 直爾請說이라 第二會中에도 亦有此二나 而引例中問이 同此直請하니 正欲顯於諸佛道同으로 影略之義니라

두 번째 어떤 것이 이 모든 부처님의 지위이며[75]라고 한 아래는 바로 질문의 단서를 나타낸 것이다.

사십 구절이 있나니,

우선 나누어 두 가지로 분별하겠다.

앞에 이십 구절은 바로 그때에 의문을 생각으로 청한 것이요 뒤에 이십 구절은[76] 예를 인용하고 법을 거론하여 청한 것이다. 뜻을 기준한다면 두 가지 문장을 다 응당 갖추어 거론해야 할 것이지만, 서로 그윽이 생략된 것이 있어서 번거롭게 말하고자 않는 것이다. 그런 까닭으로 아래 게송 가운데는 다시 예를 인용하지 않고 두 곳의 문장을 합하여 바로 그때 청문하고 설하였다.

---

75 어떤 것이 이 모든 부처님의 지위라고 한 것은 영인본 화엄 3책, p.401, 4행이다.

76 뒤에 이십 구절이라고 한 것은 영인본 화엄 3책, p.435, 7행이다.

제이회 가운데도 또한 이 두 가지 문장이 있지만 그러나 예를 인용한 가운데서 물은 것이 여기에서 바로 청문한 것과 같나니, 바로 모든 부처님의 도道가 같음을 나타내고자 한 것으로써 그윽이 생략되었다는 뜻이다.

鈔

皆希佛境者는 總收上三이니 皆希佛境은 即上實疑요 並欲利生은 即是權疑요 成緣起門은 即是正義라 故入大乘論第一偈云호대 薄福之人은 不能生疑니 能生疑者는 必破諸有라하니라 故下偈中下는 以義成立이니 引二文證이라 一은 引偈文이니 直爾問中에 已具列故라 二는 引後會니 彼中引例가 同此直請하고 彼中直請이 同此引例라 二文相對하면 則直爾引例가 皆合四十이니 其義明矣니라 正欲顯於下는 結成上義니 旣引例直問이 皆具四十인댄 明是道同이요 佛道旣同인댄 知文影略이라 所以로 要此二勢問者는 直請은 以尊主佛이요 引例는 爲顯道同故니라

다 부처님의 경계를 희망한다고 한 것은 위에 세 가지를 모두 거두는 것이니
다 부처님의 경계를 희망한다고 한 것은 곧 위에 진실의 의문이요 아울러 중생을 이익케 하고자 한다고 한 것은 곧 이것은 방편의 의문이요
연기문을 이루고자 한다고 한 것은 곧 이것은 이 경의 바른 뜻(正義)[77]

이다.

그런 까닭으로『입대승론』제일권의 게송에 말하기를

박복한 사람은

의문을 내지 않나니,

능히 의문을 내는 사람은

반드시 제유諸有를 깨뜨릴 것이다 하였다.

그런 까닭으로 아래 게송 가운데라고 한 아래는 뜻으로써 성립한

것이니,

두 곳의 문장을 인용하여 증거한 것이다.[78]

첫 번째는 게송의 문장을 인용한 것이니,

바로 그때 질문한 가운데 이미 갖추어 열거한 까닭이다.

두 번째는 후회後會[79]를 인용한 것이니,

저 가운데 예를 인용한 것이 여기에서 바로 청문한 것과 같고,

저 가운데 바로 청문한 것이 여기에서 예를 인용한 것과 같다.

두 곳의 문장[80]을 서로 대하여 보면 곧 바로 그때 생각으로 청문한

---

77 이 경의 바른 뜻(正義)이란, 영인본 화엄 3책, p.397, 2행에 있다.

78 두 곳의 문장을 인용하여 증거하였다고 한 아래는, 처음 문장(바로 아래
一이라 한 것)은 뒤에 이십 구절은 또한 바로 그때 청한 것을 통석한 것을
증거한 것이고, 뒤에 문장(바로 아래 二라 한 것)은 앞에 이십 구절은 또한
예를 인용하여 청한 것을 통석한 것을 증거한 것이다. 뒤에 문장 가운데
또한 저 이회 가운데 바로 그때 청한 것이 여기에 예를 인용하여 청한 것과
같음이 있지만, 그러나 지금에 말하지 아니한 것은 위에 처음 게송의 문장을
인용함에 이미 그 뜻을 증거한 까닭이다. 역시『잡화기』의 말이다.

79 후회後會는 제이회이다.

것과 예를 인용하여 청문한 것이[81] 다 사십 구절에 합하여 있을
것이니 그 뜻이 분명하다 하겠다.

바로 모든 부처님의 도가 같음을 나타내고자 한다고 한 아래는
위에 뜻을 맺어서 성립한 것이니,
이미 예를 인용하여 청문한 것과 바로 청문한 것이 다 사십 구절에
갖추어 있다면 분명히 이것은 부처님의 도가 같은 것이요,
부처님의 도가 이미 같다고 한다면 문장이 그윽이 생략된 줄 알아야
할 것이다.
그런 까닭으로 두 곳의 문세文勢에서 청문한 것을 요망하는 것은
바로 청문한 것은 주불主佛을 존중하기 위한 것이요
예를 인용하여 청문한 것은 부처님의 도가 같음을 나타내기 위한
까닭이다.

疏

又四十句中에 初二十句는 問果요 後十은 問因이요 中間十句는
明化用普周니 通問依正과 染淨因果라 前是所求요 後是所行이

---

80 두 곳의 문장이란 여기 제 두 번째 此·彼의 이문二文이고, 곧 위에 두 곳의
　　문장을 인용하여 증거하였다고 말한 이문二文과는 같지 않은 것이다. 역시
　　『잡화기』의 말이다.

81 바로 그때 생각으로 청문한 것이라고 한 것은 즉 원문에 직이直爾는 직이의염청
　　直爾疑念請이고, 예를 인용하여 청문한 것이라고 한 것은 즉 원문에 인례引例는
　　인례거법청引例擧法請이다.

요 中是所知故라 分是擧果일새 故先問果니라

또 사십 구절 가운데 처음 이십 구절은 과보를 청문한 것이요
뒤에 십 구절은 원인을 청문한 것이요
중간에 십 구절은 교화의 작용이 두루함을 밝힌 것이니,
의보와 정보와 염·정과 인·과를 모두 청문한 것이다.
앞은 구할 바요, 뒤는 행할 바요, 중간은 알 바인 까닭이다.
분分이 거과권락생신분이기에 그런 까닭으로 먼저 과보를 청문한
것이다.

鈔

分是擧果下는 通妨이라 此有二妨하니 一은 對上言因是所行인댄 理
合在前이라할새 故今答云호대 分是擧果일새 故先問果라하니라

분이 거과권락생신분이라고 한 아래는 방해하여 비난함을 통석한
것이다.
여기에 두 가지 방해하여 비난함이 있나니
첫 번째는 위에서 원인을 이 행할 바라고 말한 것을[82] 상대한다면
이치가 합당히 앞에 있어야 할 것이다[83] 하기에, 그런 까닭으로

---

[82] 위에서 원인을 이 행할 바라고 한 것은 뒤에 십 구절은 원인을 청문한 것이니
뒤는 행할 바라 한 것이다.

[83] 앞에 있어야 할 것이라고 한 것은 처음 이십 구절은 과보를 청문한 것이니
앞은 이 구할 바라 한 것이다. 두 가지 비난 가운데 첫 번째는 과문科文을

지금에 답하여 말하기를 분이 거과권락생신분이기에 그런 까닭으로 먼저 과보를 청문한 것이다 하였다.

疏

三은 釋文이니 據斯義類인댄 亦可分三이나 今以兩段에 皆有結請일새 故但分二라 前中亦二니 先은 正疑念이요 後는 明結請이라 今初前十句는 問德用圓滿이요 後十句는 問體相顯著라 今初十句에 文唯有八이나 偈有神通과 及自在二問하고 世界成就品의 初答中에도 亦同此有하니 今文闕者는 或是脫漏며 或是義含이니 無能攝取之中에 攝此二故라 故下法界品中에 闕無能攝取와 及與神通하고 唯有自在니라 故此三事가 合則可一이요 開則爲三이니 故出沒不同하니라

세 번째는 경문을[84] 해석한 것이니

이것을 의거하여 뜻을 분류한다면 또한 가히 세 가지[85]로 분류할 것이지만 지금에는 양단兩段[86]에 다 결청結請이 있기에 그런 까닭으

보면 위에 말을 상대하여 비난한 것이고, 두 번째는 과문(거과권락생신분)을 상대하여 비난한 것이다.

[84] 『잡화기』에는 삼석문三釋文이라 한 세 글자는 구본엔 바로 다음 줄 분이分二라 한 아래에 있다 하였다. 혹자는 三釋文 세 글자는 오자誤字라 하였고, 원原·남南·속續 장경에는 없고 금장경金藏經에만 있다.

[85] 세 가지는 ①염청念請, ②법청法請, ③결청結請이다.

[86] 양단兩段은 염청念請과 법청法請이다.

로 다만 두 가지로만 분류하였다.

앞의 염청念請 가운데 또한 두 가지가 있나니

먼저는 바로 의문을 생각으로 청하는 것이요

뒤에는 청함을 맺는 것(結請)을 밝힌 것이다.

지금은 처음으로 앞에 십 구절은 덕용이 원만함을 청문한 것이요
뒤에 십 구절은 체상이 나타남을 청문한 것이다.

지금은 처음으로 앞의 십 구절에 문장이 오직 여덟 구절만 있지만[87]
게송에 신통과 그리고 자재의 두 구절의 청문이 있고, 세계성취품
초의 답 가운데도 또한 여기에 있는 것과 같이 있나니,[88]

지금 경문에 빠진 것은 혹 이것은 빠뜨린 것이며 혹 이것은 뜻이
포함된 것이니 무능섭취無能攝取[89] 구절 가운데 이 두 구절을 섭취한
까닭이다.

그런 까닭으로 아래 입법계품 가운데 무능섭취와 그리고 신통이
빠져 있고 오직 자재만 있다.

그런 까닭으로 이 삼사三事[90]가 합하면 곧 가히 하나가 되고 열면
곧 셋이 되나니,

그런 까닭으로 출出·몰沒이 같지 않는[91] 것이다.

---

87 여덟 구절만 있다고 한 것은 제8구와 제9구가 없다는 것이다.

88 또한 여기에 있는 것과 같이 있다고 한 것은 신통과 자재가 세계성취품
　초의 답 가운데도 있다는 것이다.

89 무능섭취無能攝取란, 덕용원만德用圓滿의 십 구절 가운데 제 열 번째 구절이다.

90 삼사三事는 신통神通, 자재自在, 무능섭취無能攝取이다.

鈔

據斯下는 對科文難이니 既義有三節인댄 何不分三고할새 以義從文
일새 故分爲二니 二段之中에 皆有結故라하니라 故此三事合則可一
等者는 可一故沒이요 可三故出이니 此文은 無能攝取中에 攝於自在
及與神通하고 法界品中엔 復以自在로 攝於神通과 及無能攝取니
亦合有於神通에 攝無能攝取와 及與自在나 問中略無하고 餘經則
有니라

이것을 의거하여 뜻을 분류한다고 한 아래는 과문科文을 상대하여
비난한 것이니,
이미 뜻이 삼절三節이 있었다면 어찌 이 세 가지로 분류하지 않는가
하기에, 뜻으로써 문장을 좇기에 그런 까닭으로 분류하여 두 가지로
하였나니 이단二段 가운데 다 결청結請이 있는 까닭이다 하였다.

그런 까닭으로 이 삼사가 합하면 곧 가히 하나가 된다고 한 등은
가히 하나인 까닭으로 몰沒이라 하고, 가히 셋인 까닭으로 출出이라
하나니
여기 경문[92]은 무능섭취 가운데 자재와 그리고 신통을 섭취하였고,
입법계품 가운데는 다시 자재로써 신통과 그리고 무능섭취를 섭취하
였으니,

---

91 출出·몰沒이 같지 않다고 한 것은 출出함에 셋이고, 몰沒함에 하나이다.
92 원문에 차문此文이란, 여래현상품이다.

또한 합당히 신통에 무능섭취와 그리고 자재를 섭취함이 있어야 할 것이지만, 청문하는 가운데는[93] 생략하여 없고 나머지 경[94]에는 곧 있다.

---

[93] 청문하는 가운데라고 한 것은 곧 장행문이다.

[94] 나머지 경이라고 한 것은 이 품의 게송과 그리고 세계성취품을 가리키는 것이니, 말하자면 그 신통과 자재가 질문 가운데는 비록 없으나 저 게송 등 세계성취품 가운데는 곧 다 그 문장이 있다. 혹은 말하기를 신통에 무능섭취와 그리고 자재를 섭취하는 것이 질문 가운데는 비록 없으나 다른 경에는 곧 있음을 용납하는 것이다. 역시 『잡화기』의 말이다.

經

云何是諸佛地며

어떤 것이 모든 부처님의 지위이며

疏

言佛地者는 卽智德分位라

모든 부처님의 지위라고 말한 것은 곧 지덕의 분위이다.

鈔

卽智德者는 正是出體니 非斷德故라 言分位者는 便彰地義라

곧 지덕이라고 한 것은 바로 자체를 설출한 것이니
단덕이 아닌 까닭이다.
분위分位라고 말한 것은 곧 지위(地)의 뜻을 밝힌 것이다.

疏

然此經宗이 通收萬德故로 廣則無量이요 略有十種하니 如上所
引同性經說하니라 然體不出五니 謂淸淨法界와 及與四智라 以
斯五法으로 攝大覺性이니 具 如佛地經과 及彼論說하니라 然要唯

有二나 無所不攝이니 謂眞理妙智라 融而無二가 是諸佛地니라

그러나 이『화엄경』의 종취가 만덕을 모두 거두는 까닭으로 광설하면 곧 한량이 없고 약설하면 열 가지가 있나니,

위에서 인용한 바『동성경同性經』의 말씀과 같다.

그러나 자체는 다섯 가지를[95] 벗어나지 않나니

말하자면 청정법계와 그리고 사지보리四智菩提이다.

이 다섯 가지 법으로써[96] 대각의 성품을 섭취하나니

갖추어 설한 것은『불지경』과 그리고 저『불지론』에서 설한 것과 같다.

그러나 요체要體는[97] 오직 둘만 있을 뿐이지만 섭취하지 못하는 바가 없나니 말하자면 진리와 묘지[98]이다. 이 둘이 융합하여 둘이 없는 것이 이것이 모든 부처님의 지위이다.

鈔

然此經宗下는 二에 辨類라 自寬之狹에 總有五重하니 一은 無量法界融故요 二는 略有十者는 顯無盡故요 三은 然體不出五者는 剋實體故라 具如佛地經者는 卽五法으로 攝大覺性이니 謂一眞法界와 四智菩提라 又論第一에 釋佛地名云호대 地謂所依와 所行所攝이니 卽當

---

95 자체는 다섯 가지란, 영인본 화엄 3책, p.434, 5행에 있다.

96 다섯 가지 법으로 운운은 영인본 화엄 3책, p.435, 2행에 있다.

97 요체要體 운운은 영인본 화엄 3책, p.434, 6행에 있다.

98 진리는 일진법계이고, 묘지는 사지보리四智菩提이다.

所說淸淨法界와 大圓鏡智와 平等性智와 妙觀察智와 成所作智의
受用和合과 一味等事라 是佛所依와 所行所攝일새 故名佛地라하니
라 然要唯有二下는 第四에 攝五爲二니 五法之中에 四是智故라 金
光明云호대 唯有如如와 及如如智하야 獨存名法身故라하니라 融而
無二者는 第五에 攝二爲一이니 謂無有智外如가 爲智所證이며 亦無
如外智가 能證於如일새 故融無二라하니라 又融無二者는 總融五節
하야 爲無障礙如來地矣니라

그러나 이『화엄경』의 종취라고 한 아래는 두 번째 품류를 분별한
것이다.
넓은 곳으로부터 좁은 곳으로 나아감에 모두 오중五重이 있나니
첫 번째는 한량없는 법계를 융합하는 까닭이요
두 번째는 약설하면 열 가지가 있다고 한 것은 끝이 없음을 나타낸
까닭이요
세 번째는 그러나 자체는 다섯 가지를 벗어나지 않는다고 한 것은
실체를 정定하는 까닭이다.

갖추어 설한 것은『불지경론』에서 설한 것과 같다고 한 것은 곧
다섯 가지 법으로 대각의 성품을 섭취하나니 말하자면 일진법계와
사지보리이다.
또『불지론』제일권에 불지라는 이름을 해석하여 말하기를 지地라는
것은 말하자면 의지할 바와 행할 바와 섭수할 바이니,
곧 마땅히 설한 바 청정법계와 대원경지와 평등성지와 묘관찰지와

성소작지의 수용과 화합과 일미一味라 한 등의 일이다.[99]
이것이 부처님의 의지할 바와 행할 바와 섭수할 바이기에 이름을
불지佛地라 한다 하였다.

그러나 요체는 오직 둘만 있을 뿐이라고 한 아래는 제 네 번째[100]
오법을 섭수하여 둘로 삼은 것이니,
오법 가운데 사법은 사지보리인 까닭이다.
『금강명경』에 말하기를 오직 여여와 그리고 여여지만[101] 있어 독존하
기에 이름을 법신이라 하는 까닭이다 하였다.

---

99 수용과 화합과 일미一味라 한 등의 일이라고 한 것은 『불지론』 제일권에는
　지명地名만 말하고, 제육권에 이르러 수용이라고 한 것은 능수용의 사지四智와
　소수용의 진여 열반을 수용하는 까닭으로 수용이라 하고, 화합이라고 한
　것은 능연의 사지와 소연의 진여가 평등하여 필경에 화합하여 다르지 않는
　까닭으로 화합이라 하고, 일미라고 한 것은 소수용의 법계와 소연의 진여가
　일미라 하였다. 또 사事라고 한 것은 곧 사용事用이고 지智는 능수용의 지智이
　니 대원경지와 평등성지를 정취正取하고 나머지 묘관찰지와 성소작지를 겸취
　兼取한다고 하였다. 『잡화기』도 여기 해석과 별반 다르지 않다. 단 화和와
　합습을 따로 설하여 말하기를 다 같이 한 사실인 까닭으로 화和라 이름하고
　비록 다 같이 한 사실이나 혹은 다시 이별하기에 저 가운데 영원히 이별하지는
　아니함을 나타내는 까닭으로 다시 합습이라 말한다 한 것만 다르다. 직설하면
　수용은 법계와 사지를 수용한다는 뜻이고, 화합은 법계와 사지가 화합하여
　떠나지 않는다는 뜻이고, 일미는 법계와 진여가 한맛이라는 뜻이다.
100 제 네 번째는 오중五重에 제 네 번째이다.
101 여여와 그리고 여여지는 『금강명경』과 양섭론 12권에 있다. 영인본 화엄
　6책, p.479, 4행에도 나온다.

이 둘이 융합하여 둘이 없다고 한 것은 다섯 번째 둘을 섭수하여 하나를 삼은 것이니,

말하자면 지혜 밖에 진여가[102] 지혜의 증득할 바가 됨이 있을 수 없으며, 또한 진여 밖에 지혜가 능히 진여를 증득할 수 없기에 그런 까닭으로 융합하여 둘이 없다고 하였다.

또 융합하여 둘이 없다고 한 것은 오절(五法)을 모두 융합하여 걸림이 없는 여래지를 삼은 것이다.

疏

並有生成하고 住持功能일새 故名爲地니라

아울러 생장케 하고 성숙케 하고 주지住持케 하는 공능이 있기에 그런 까닭으로 이름을 붙지라 한 것이다.

鈔

並有生成하고 住持功能者는 三에 釋名이라 此有三義하니 一은 能生萬德이요 二는 成熟自他요 三은 任持萬德하야 萬德依住故니 如下十地中明하니라

아울러 생장케 하고 성숙케 하고 주지케 하는 공능이 있다고 한

---

102 지혜 밖에 진여 운운은 『현담』 1권(수진 역주), p.154, 5행과 5권, p.208, 1행과 12권(세주묘엄품), p.144에 있다. 십회향품의 말이다. 지혜의 증득할 바란, 증득할 바 지혜이다.

것은 세 번째 이름을 해석한 것이다.

여기에 세 가지 뜻이 있나니

첫 번째는 능히 만덕을 생장케 하는 것이요

두 번째는 자타를 성숙케 하는 것이요

세 번째는 만덕을 임지하여 만덕이 의지하여 머물게 하는 까닭이니,

아래 십지 가운데 밝힌 것과 같다.

疏

此句爲總하야 該攝諸德이니 下明佛果가 皆答斯問이라

이 구절로 총구總句를 삼아[103] 모든 공덕을 갖추어 섭수하는 것이니,

아래에 불과를 밝힌 것이 모두 다 이 물음[104]에 답한 것이다.

鈔

此句爲總下는 四에 結示니 結示是總이 總持諸德이며 及示答文이라

이 구절로 총구를 삼았다고 한 아래는 네 번째 맺어 보인 것이니

이 총지가 모든 공덕을 다 가지고 있음을 맺어 보이며,

그리고 답한 글을 맺어 보인 것이다.

---

103 이 구절로 총구總句를 삼았다고 한 것은 어떤 것이 모든 부처님의 지위이며라
   고 한 구절로 총구를 삼았다는 것이다.
104 이 물음이란, 역시 어떤 것이 모든 부처님의 지위인가 한 것이다.

經

云何是諸佛境界며

어떤 것이 모든 부처님의 경계이며

疏

二에 佛境界下는 諸句에 皆別明佛地之德이라 言境界者는 悲智
所緣故며 亦分齊故라 廣亦無量이요 略有十種하니 如出現及問
明과 不思議品에 廣說하니라

두 번째 모든 부처님의 경계라고 한 아래는 모든 구절에 다 불지의
공덕을 따로 밝힌 것이다.
경계라고 말한 것은 자비와 지혜의 반연하는 바 경계인 까닭이며
또한 분제分齊[105]의 경계인 까닭이다.
광설하면 또한[106] 한량이 없고 약설하면 열 가지가 있나니
출현품과 그리고 문명품과 부사의품에서 폭넓게 설한 것과 같다.

---

105 분제分齊는 분위分位의 차별差別을 말한다.
106 또한(亦)이란 한 것은 앞(영인본 화엄 3책, p.401, 7행)에서 한 번 인용하였기에
    또한이라 한 것이다.

鈔

廣亦無量下는 約類開合이라 亦有五重하니 一은 廣亦無量이니 無有
一境도 非佛境故요 二는 略有十種下는 寄圓說十이라 於中二니 先은
正說三種十이라

광설하면 또한 한량이 없다고 한 아래는 세 번째 품류를 잡아 열고
합한 것이다.
또한 오중五重이 있나니
첫 번째는 광설하면 또한 한량이 없는 것이니
한 경계도 부처님의 경계가 아님이 없는 까닭이요
두 번째는 약설하면 열 가지가 있다고 한 아래는 원교를 잡아 열
가지를 설한 것이다.
그 가운데 두 가지가 있나니
먼저는 바로 세 곳에서 열 가지[107]를 설하였다.

疏

然出現은 多明體遍하고 不思議品은 以辯超勝일새 故云十種無
比境界이라하고 問明은 該其因果體用하니 小有不同은 至文當知
리라

---

107 원문에 삼종십三種十이란 세 곳(三處)에서 열 가지를 말한 것이니, 즉 출현품出
現品과 부사의품不思議品과 문명품問明品이다.

그러나 출현품은 다분히 자체가 두루함을 밝혔고, 부사의품은 초승함을 분별하였기에 그런 까닭으로 말하기를 열 가지 비교할 수 없는 경계라 하였고, 문명품은 그 인·과와 체·용을 해섭하였으니 조금 같지 아니함이 있는 것은 그 문장에 이르러 마땅히 알 수 있을 것이다.

鈔

然出現은 多明體遍等者는 二에 揀三處不同이니 謂出現品은 卽五十二云호대 佛子야 菩薩이 以無障無礙智慧로 知一切世間境界가 是如來境界며 知一切三世境界와 一切刹境界와 一切法境界와 一切衆生境界와 眞如無差別境界와 法界無障礙境界와 實際無邊際境界와 虛空無分量境界와 無境界境界가 是如來境界니라 佛子야 如一切世間境界無量하야 如來境界亦無量하며 如一切三世境界無量하야 如來境界亦無量하며 乃至如無境界境界無量하야 如來境界亦無量하며 如無境界境界가 一切處無有하야 如來境界亦如是하야 一切處無有等이라하니 釋曰此卽明體遍義也니라 言多明者는 一切處無有는 亦顯深義也니라

그러나 출현품은 다분히 자체가 두루함을 밝혔다고 한 등은 두 번째 세 곳이 같지 아니함을 가린 것이니,
말하자면 출현품은 곧 오십이경에 이르기를 불자야, 보살이 무장·무애의 지혜로써 일체 세간의 경계를 아는 것이 이것이 여래의

경계이며

일체 삼세의 경계와 일체 국토의 경계와 일체 법의 경계와 일체중생의 경계와 진여의 차별 없는 경계와 법계의 장애 없는 경계와 실제의 끝없는 경계와 허공의 분량 없는 경계와 경계 없는 경계를 아는 것이 이것이 여래의 경계이다.

불자야, 일체 세간의 경계가 한량이 없는 것과 같아서 여래의 경계도 또한 한량이 없으며,

일체 삼세의 경계가 한량이 없는 것과 같아서 여래의 경계도 또한 한량이 없으며,

내지 경계 없는 경계가 한량이 없는 것과 같아서 여래의 경계도 또한 한량이 없으며,

경계 없는 경계가 일체처에 없는 것과 같아서 여래의 경계도 또한 이와 같아서 일체처에 없다 한 등이라 하였으니,

해석하여 말한다면 이것은 곧 자체가 두루하다는 뜻을 밝힌 것이다. 다분히 자체가 두루함을 밝혔다고 말한 것은, 일체처에 없다고 한 것은 또한 깊다는 뜻을 나타낸 것이다.[108]

不思議品은 以辯超勝者는 卽四十六經云호대 所謂一은 一切諸佛이 一加跌坐하야 遍滿十方無量世界하며 二는 一切諸佛이 說一義句하야 悉能開示一切佛法하며 三은 放一光明하야 悉能遍照一切世界하

---

[108] 또한 깊다는 뜻을 나타낸 것이라고 한 것은, 한량이 없다고 한 것이 자체가 이에 두루하다는 뜻임을 구족하여 나타낸 것이다고 『잡화기』는 말한다.

며 四는 於一身中에 悉能示現一切諸身하며 五는 於一處中에 悉能示現一切世界하며 六은 於一智中에 悉能決了一切諸法하야 無所罣礙하며 七은 於一念中에 悉能遍往十方世界하며 八은 於一念中에 悉現如來無量威德하며 九는 於一念中에 普緣三世의 佛及衆生이나 心無雜亂하며 十은 於一念中에 與去來今의 一切諸佛로 體同無二니 是爲十이니라 上八句 初에 皆有一切諸佛之言하니라 釋曰 旣一念에 能爲無盡之事일새 故云超勝이라하니라

부사의품은 초승함을 분별하였다고 한 것은 곧 사십육경에 이르기를 말하자면 첫 번째는 일체 모든 부처님이 한 번 가부좌하여 시방의 한량없는 세계에 두루 가득하며

두 번째는 일체 모든 부처님이 한 의구義句를 설하여 다 능히 일체 불법을 열어 보이며

세 번째는 한 광명을 놓아 다 능히 일체 세계를 두루 비추며

네 번째는 한 몸 가운데 다 능히 일체 모든 몸을 보여 나타내며

다섯 번째는 한 처소 가운데 다 능히 일체 세계를 보여 나타내며

여섯 번째는 한 지혜 가운데 다 능히 일체 모든 법을 결정코 알아 걸리는 바가 없으며

일곱 번째는 한 생각 가운데 다 능히 시방세계에 두루 가며

여덟 번째는 한 생각 가운데 다 여래의 한량없는 위덕을 나타내며

아홉 번째는 한 생각 가운데 널리 삼세의 부처님과 그리고 중생을 반연하지만 마음에 섞이거나 산란함이 없으며

열 번째는 한 생각 가운데 과거·미래·지금의 일체 모든 부처님으로

더불어 한 몸으로 둘이 없나니,

이것이 열 가지가 되는 것이다 하였다.

위의 여덟 구절의 초初에 다 일체 모든 부처님(一切諸佛)이라는 말이 있다.

해석하여 말하면 이미 한 생각에 능히 끝없는 일을 작위作爲하기에 그런 까닭으로 초승超勝이라 말한 것이다.

問明은 該其因果者는 卽十三經에 問有十一하니 謂一은 何等是佛境界며 二는 何等是佛境界因이며 三度四入이며 五智六法이며 七說八知며 九證十現이며 十一廣가하니 上九에 皆有何等이 是佛境界之言이라 初一是總이요 二卽是因이요 智證知廣의 四句皆體요 餘五皆用이라 偈中答云호대 如來深境界는 其量等虛空하야 一切衆生入이나 而實無所入이라하니 此雙答總과 及廣二句이라 又云호대 如來深境界에 所有勝妙因을 億劫常宣說이라도 亦復不能盡이라하니 此卽答因이라 餘如彼文하니라 上三이 雖同佛境이나 說意小殊일새 故云小有不同이라하니라

문명품은 그 인·과와 체·용을 해섭하였다고 한 것은 곧 십삼경에 질문이 열한 가지가 있나니

말하자면 첫 번째는 어떤 등이 이 부처님의 경계이며,

두 번째는 어떤 등이 이 부처님의 경계인 인因이며,

세 번째는 도度이며,

네 번째는 입入이며,

다섯 번째는 지智이며,

여섯 번째는 법이며,

일곱 번째는 설說이며,

여덟 번째는 지知이며,

아홉 번째는 증證이며,

열 번째는 현現이며,

열한 번째는 광廣인가 하였으니,

위의 아홉 구절에 다 어떤 등이 이 부처님 경계(何等是佛境界)의라는 말이 있다.

처음에 한 구절은 이 총문總問이요

두 번째 구절은 곧 이 인문因問이요

다섯 번째 지와 아홉 번째 증과 여덟 번째 지와 열한 번째 광의 네 구절은 다 체문體問이요

나머지 다섯 구절은 다 용문用問이다.

게송 가운데[109] 답하여 말하기를

여래의 깊은 경계는

그 양이 허공과 같아서

일체중생이 들어가지만

진실로 들어간 바가 없다 하였으니,

이것은 처음의 총문總問과 그리고 열한 번째 광문廣問의 두 구절을

---

109 게송 가운데라고 한 것은 제십삼경 게송이다.

함께 답한 것이다.

또 게송에 말하기를
여래의 깊은 경계에
있는 바 수승하고 묘한 인因을
억세월에 항상 설할지라도
또한 다시 능히 다 설할 수 없다 하였으니,
이것은 곧 두 번째 인문因問을 답한 것이다.
나머지는 저 문명품의 문장과 같다.
위에 삼품이 비록 다 부처님의 경계이지만 설하는 뜻이 조금 다르기
에 그런 까닭으로 말하기를 조금 같지 아니함이 있다 하였다.

疏

若準瑜伽인댄 如來境界는 謂五界差別이니 一은 有情界요 二는
世界요 三은 法界요 四는 調伏界요 五는 調伏加行界라 或說호대
要唯有四하니 一은 所緣眞俗이요 二는 所住刹海요 三은 所起業用
이요 四는 所應攝化라하니 並如下說하니라 此與瑜伽로 大同하니라
總唯有二하니 謂佛卽境은 約分齊說이요 或佛之境은 約所觀化
等이니 今文은 多顯佛之境也니라

만약 『유가론』[110]을 기준한다면 여래의 경계는 오계五界로 차별하다

말할 수 있나니

첫 번째는 유정계요

두 번째는 세계요

세 번째는 법계요

네 번째는 조복계요

다섯 번째는 조복가행계이다.[111]

혹은 말하기를 요컨대 오직 네 가지만 있나니

첫 번째는 반연할 바 진·속이요

두 번째는 머무를 바 국토 바다요

세 번째는 일으킬 바 업의 작용이요

네 번째는 응당 섭수하여 교화할 바이다 하였으니

아울러 아래에서 설한 것과 같다.[112]

이것은 『유가론』으로 더불어 크게는 같다.[113]

네 가지 모두를 오직 두 가지로 할 수 있나니

말하자면 부처 즉시 경계는 분제경계를 잡아서 설한 것이요

---

111 조복계調伏界라고 한 것은 중생을 교화하는 법이 이것이고, 조복가행계調伏加
行界라고 한 것은 중생을 제도하는 법이 이것이라고 『잡화기』는 말한다.

112 아울러 아래에서 설한 것과 같다고 한 것은 제사구문第四句問(어떤 것이
이 모든 부처님의 소행인가)의 소문이니 영인본 화엄 3책, p.416, 9행에 있다.

113 이것은 『유가론』으로 더불어 크게는 같다고 한 것은 진·속은 곧 법계이고,
국토바다는 곧 세계이고, 업의 작용은 조복과 조복가행이고, 섭수하여 교화
할 바는 곧 유정이니 네 번째와 다섯 번째가 같지 않는 까닭으로 조금
다름이 없지 않다 한 것이니 즉 대동하다는 것이다. 역시 『잡화기』의 말이다.

혹 부처의 경계는 소관·소화의 경계를 잡아서 설한 등이니,
지금의 경문은 다분히 부처님의 경계를 나타낸 것이다.

鈔

謂佛卽境者는 分齊는 謂如來所成의 一切功德智慧等이 是佛所有
니 如一國境이 屬於當國之王하야 而菩薩不測하고 唯佛得故니라 言
佛之境者는 眞如實相과 眞俗二諦等은 是智所緣境일새 故云所觀이
요 衆生國土等은 是佛悲所化境일새 故云所觀化等이라하니라

말하자면 부처 즉시 경계는 분제경계라고 한 것은, 말하자면 여래가
성취한 바 일체 공덕과 지혜 등이 이 부처님의 소유이니,
마치 한 국토의 경계가 당국當國의 왕에게 속하는 것과 같아서 보살은
측량할 수 없고 오직 부처님이라야 얻는 까닭이다.

혹 부처의 경계는 소관·소화의 경계라고 말한 것은 진여의 실상과
진·속의 이제二諦 등은 이 불지의 반연할 바 경계이기에 그런 까닭으
로 말하기를 소관所觀이요
중생과 국토 등은 이 부처님이 자비로 교화할 바 경계이기에 그런
까닭으로 말하기를 소관·소화[114]의 경계를 잡아서 설한 등이라 하
였다.

---

114 소관·소화라고 한 것은 그 뜻은 소화所化라 해야 할 것이다.

經

云何是諸佛加持며

어떤 것이 이 모든 부처님의 가지加持[115]이며

疏

三에 佛加持者는 謂佛勝力으로 任持하야 令有所作이라 廣亦無量하고 略有十種하니 如不思議法品과 及法雲地說하며 離世間品에 十種佛所攝持도 亦其例也니라 然不出三類하니 一은 如加持化身과 及舍利等이요 二는 如加耆婆하야 入火不燒等이요 三은 如加非情하야 作佛事等이라 此與神通으로 寬陜不同이니 謂六通中에 唯神境一이 有加持故요 今此加持는 卽是神力이라

세 번째 부처님의 가지라고 한 것은 말하자면 부처님의 수승한 힘으로 임지任持하여 하여금 소작所作이 있게 하는 것이다. 광설하면 또한 한량이 없고 약설하면 열 가지가 있나니 부사의법품과 그리고 법운지에서 설한 것과 같으며, 이세간품 가운데 열 가지 부처님의 섭지하는 바라고 한 것도 또한 그 예例이다. 그러나 삼류三類를 벗어나지 않나니 첫 번째는 화신과 그리고 사리舍利를 가지加持한 등과 같은 것이요

---

115 가지加持는 가피加被하여 섭지攝持한다는 뜻이다.

두 번째는 기바耆婆[116]를 가지하여 불에 들어가지만 타지 않게 한 등과 같은 것이요

세 번째는 비정非情[117] 중생을 가지하여 불사佛事를 짓는 등과 같은 것이다.

이 가지는 신통으로 더불어 넓고 좁은 것이 같지 않나니[118] 말하자면 육신통 가운데는 오직 신족통[119] 경계의 하나만이 가지加持의 뜻이 있는 까닭이요, 지금에 이 가지는 곧 신력神力의 뜻도 있는 것이다.

鈔

略有十種者는 此含二段이니 一은 卽四十六經에 十種으로 爲衆生하야 作佛事하니 何等爲十고 所謂一은 一切諸佛이 示現色身하야 爲衆生하야 作佛事요 二는 出生妙音聲이요 三은 有所受요 四는 無所受요 五는 以地水火風이요 六은 神力自在하야 示現一切所緣境界요 七은 種種名號요 八은 以佛刹境界요 九는 嚴淨佛刹이요 十은 寂寞無言이라하니 皆上有一切諸佛하고 下有爲衆生作佛事之言이라 故下開爲 三類中云호대 三은 加非情作佛事等이라하니라 二는 卽四十七에 十

---

116 원문에 기역耆域은 기바耆婆의 다른 이름이다.

117 비정非情은 무정無情인 산천초목山川草木과 산하석벽山河石壁이다.

118 넓고 좁은 것이 같지 않다고 한 것은 서자권㲊字卷 상권 20장인즉, 안과 밖이 같지 아니함을 가렸으니, 마땅히 여기 문장으로 더불어 그윽이 생략된 것을 볼 수 있다고 『잡화기』는 말한다.

119 신족통神足通은 부사의 경계를 변화하여 나타내는 것이다.

種大那羅延幢勇健法이니 故疏結云호대 今此加持는 卽是神力이라
하니라 及法雲地者는 卽十種持니 經云호대 又如實知佛持法持僧持
와 業持煩惱持와 時持願持와 供養持行持와 劫持智持니 如是等皆
如實知라하니라 離世間品者는 卽五十八經云호대 所謂初는 始能發
菩提之心이 佛所攝持요 二는 於生生中에 持菩提心하야 令不忘失이
佛所攝持요 三은 覺諸魔事하야 悉能遠離요 四는 聞諸波羅蜜하고
如說修行이요 五는 知生死苦하야 而不厭惡요 六은 觀甚深法하야 得
無量果요 七은 爲諸衆生하야 說二乘法이나 而不證取彼乘解脫이요
八은 樂觀無爲法이나 而不住其中하며 於有爲無爲에 不生二想이요
九는 至無生處나 而現受生이요 十은 雖證得一切智나 而起菩薩行하
야 不斷菩薩種이라하니 皆有佛所攝持之言이라

약설하면 열 가지가 있다고 한 것은 여기에 이단二段을 포함하였나니
첫 번째는 곧 사십육경에 열 가지로 중생을 위하여 불사를 짓나니
어떤 등이 열 가지가 되는가.
말하자면 첫 번째는 일체 모든 부처님이 색신을 시현하여 중생을
위하여 불사를 짓는 것이요
두 번째는 묘한 음성을 내어 짓는 것이요
세 번째는 받을 바가 있어서 짓는 것이요
네 번째는 받을 바가 없어서 짓는 것이요
다섯 번째는 지·수·화·풍으로써 짓는 것이요
여섯 번째는 신력이 자재하여 일체 반연할 바 경계를 시현하여
짓는 것이요

일곱 번째는 가지가지 명호를 짓는 것이요

여덟 번째는 부처님 국토의 경계로써 짓는 것이요

아홉 번째는 부처님의 국토를 장엄하고 청정케 하여 짓는 것이요

열 번째는 적막하여 말이 없이 짓는 것이다 하였으니,

다 위에는 일체 모든 부처님(一切諸佛)이라는 말이 있고 아래는 중생을 위하여 불사를 짓는다(爲衆生作佛事)는 말이 있다.

그런 까닭으로 아래에 열어서 삼류를 작위하는[120] 가운데 말하기를 비정중생을 가피하여 불사를 짓는 등과 같다고 하였다.

두 번째는 곧 사십칠경에 열 가지 대나라연당 용건법이라 한 것이니 그런 까닭으로 소문에서 맺어 말하기를 지금에 이 가지加持는 곧 신력의 뜻도 있는 것이다 하였다.

그리고 법운지에서 설한 것과 같다고 한 것은 곧 열 가지 섭지攝持이니 경에 말하기를 또 여실하게 불지佛持와 법지와 승지와 업지와 번뇌지와 시지와 원지와 공양지와 행지와 겁지와 지지智持를 아나니, 이와 같은 등을 다 여실하게 안다 하였다.

이세간품이라고 한 것은 곧 오십팔경에 말하기를, 말하자면 첫 번째는 처음 능히 보리의 마음을 일으키게 하는 것이 부처님의 섭지하는 바요

두 번째는 생생生生 가운데 보리의 마음을 섭지하여 하여금 망실하지

---

120 아래에 열어서 삼류를 작위한다고 한 것은 三에 개위삼류開爲三類이고, 이 위에는 약십종略十種이다.

않게 하는 것이 부처님의 섭지하는 바요

세 번째는 모든 마군의 일을 깨달아 다 능히 멀리 떠나게 하는 것이요

네 번째는 모든 바라밀을 듣고 설함과 같이 수행하게 하는 것이요

다섯 번째는 생사의 고통을 알아 싫어하지 않게 하는 것이요

여섯 번째는 깊고도 깊은 법을 관찰하여 한량없는 과보를 얻게 하는 것이요

일곱 번째는 모든 중생을 위하여 이승의 법을 설하지만 저 이승의 해탈을 증득함에 취착하지 않게 하는 것이요

여덟 번째는 무위법을 즐겁게 관찰하지만 그 가운데 머물지 아니하며 유위와 무위에 두 가지 생각을 내지 않게 하는 것이요

아홉 번째는 무생처에 이르지만 수생受生을 나타내는 것이요

열 번째는 비록 일체 지혜를 증득하였지만 보살의 행을 일으켜 보살의 종성이 끊어지지 않게 하는 것이다 하였으니

다 부처님의 섭지한 바라는 말이 있다.

一은 如加持者는 如此類甚多하니 謂化現多身하야 隨所樂見과 碎身舍利를 一興供養하고 千返生天과 全身舍利가 如多寶佛은 卽是如來의 力持身也니 如出現品의 醫王留身喩等이라 二는 如加耆婆者는 卽涅槃第三十이니 南經은 二十八이라 經云호대 我於爾時에 往瞻婆城하니 時彼城中에 有大長者호대 無有繼嗣하야 供事六師하고 以求子息이러니 於後不久에 其婦懷妊거늘 長者知已에 往六師所하야 歡喜而言호대 我婦懷妊한대 男耶女耶아 六師答言호대 必是其女니라

長者聞已에 心生愁惱어늘 復有知識이 來謂長者호대 何故愁惱를 乃如是耶아 長者答言호대 我婦懷妊거늘 未知男女일새 故問六師하니 六師見語호대 如我相法하야는 生必是女라하니 我聞是語하고 自惟年老하고 財富無量이나 如其非男이면 無所付囑일새 是故我愁니다 知識復言호대 汝無智慧로다 下取意引호리라 廣讚佛德하고 令問世尊케한대 長者가 卽至佛所하야 而問佛言호대 世尊이시여 我婦懷妊거늘 六師相言호대 生必是女라하니 是事云何닛가 佛言호대 長者야 汝婦懷妊은 是男無疑하라 其兒生已에 福德無比리라 六師聞已하고 心生嫉妬하야 乃以菴羅果로 和合毒藥하야 授其長者하야 令其妻服하라하고 語云호대 若服此藥하면 兒則端正하고 産者無患이라하니라 服已便死거늘 送至城外하야 以火焚之한대 如來知之하고 便往塚間하시니 長者難言호대 所言無二라야 可名世尊이어늘 母已終亡하니 云何生子릿가할새 我言長者야 汝於爾時에 都不見問母命長短하고 但問所懷가 爲是男女하니 諸佛如來는 發言無二니라 是故當知하라 定必得子리라 是時死屍가 火焚腹裂하니 子從中出하야 端坐火中호미 猶如鴛鴦이 處蓮華臺어늘 我於爾時에 尋告耆婆호대 汝往火中하야 抱是兒來하라하니 六師止之어늘 耆婆言호대 如來使我로 入阿鼻地獄이라도 所有猛火가 尙不能燒어든 況世間火아하고 爾時에 耆婆가 前入火聚하니 猶入淸涼大河水中이니라 抱持是兒하고 還詣我所하야 授兒與我어늘 我受兒已에 告長者言호대 一切衆生의 壽命不定이 如水上泡하야 衆生이 若有重業果報인댄 火不能燒며 毒不能害니 是兒業報는 非我所作이라하니라 長者가 請佛立字하니 佛言호대 是兒生於猛火之中하니 火名樹提라 應名樹提라하라 爾時에 會中見我神化하

고 無量衆生이 發阿耨多羅三藐三菩提心이라하니 故云如者婆入
火라하니라 則入火之言은 兼於二事니 一은 如向所說이요 二는 如者
婆所言하야 佛令入阿鼻地獄이라도 猛火不燒라 復有一緣하니 卽令
入地獄하야 問提婆達多事也라

첫 번째는 화신과 그리고 사리를 가지한 등과 같다고 한 것은 이와
같은 유형이 매우 많나니,
말하자면 많은 몸을 화현하여 좋아하는 바를 따라 보게 한 것과
몸을 분쇄한 사리를 한 번 공양하고 천 번을 도리어 천상에 태어난
것과 전신의 사리가 다보불과 같다는 것은 곧 이것은 여래의 역지신力
持身이니, 출현품에 의왕류신유醫王留身喩와[121] 같은 등이다.

두 번째는 기바를 가지하여 불에 들어가지만 타지 않게 하는 등과
같다고 한 것은 곧 『열반경』 제삼십권이니, 남장경으로는 제이십팔
권이다.
경에 말하기를 내[122]가 그때에 첨파성중에 가니, 그때에 저 성 가운데
큰 장자가 있으되 대를 이을 아들이 없어서 육사외도에게 공양하고
자식을 구하더니, 그 뒤 오래지 않아 그 부인이 아이를 배거늘,
장자가 알고 이후에 육사외도의 처소에 가서 환희한 마음으로 말하

---

121 출현품에 의왕류신유醫王留身喩라고 한 것은 출현품에 비유하자면 의왕이
    수많은 약과 그리고 모든 주술을 잘 알아 운운한 것이니, 교림출판, 화엄
    3책, p.599, 8행에 있다.
122 내라고 한 것은 여래를 말한다.

기를 나의 부인이 아이를 배었는데 남자입니까 여자입니까.

육사외도가 답하여 말하기를 반드시 이 아이는 여자이다.

장자가 듣고 이후에 마음에 근심과 뇌로움을 내거늘, 다시 어떤 선지식이 와서 장자에게 말하기를 무슨 까닭으로 근심과 뇌로움을 이에 이와 같이 내는가.

장자가 답하여 말하기를 나의 부인이 아이를 배었거늘 아직 남자인지 여자인지를 알지 못하였기에 그런 까닭으로 육사외도에게 물었더니, 육사외도가 보고 말하기를 나의 상법相法[123] 같아서는 태어나면 반드시 여자일 것이다 하니, 내가 이 말을 듣고 스스로 생각하기를 나이는 들어 늙고 재물은 풍부하여 한량이 없지만 그의 말과 같이 남자가 아니면 부촉할 곳이 없기에 이런 까닭으로 내가 근심하고 뇌로워합니다.

선지식이 다시 말하기를 그대는 지혜가 없구나. 이 아래는 뜻을 취하여 인용하겠다. 선지식이 널리 부처님의 공덕을 찬탄하고 하여금 세존께 가서 물어라 한데, 장자가 곧 부처님의 처소에 이르러 부처님께 물어 말하기를 세존이시여, 저의 부인이 아이를 배었거늘 육사외도가 상법으로 말하기를 태어나면 반드시 여자일 것이다 하니 이 사실이 어떠합니까.

부처님이 말씀하시기를 장자야 그대 부인이 아이를 밴 것은 이 남자이니 의심하지 마라. 그 아이가 태어난 이후에는 복덕이 비교할 데가 없을 것이다.

---

123 상법相法은 상술相術이다.

육사외도가 이 말을 들어 마치고 마음에 질투를 내어 이에 암라과庵羅
果로써 독약을 화합하여 그 장자에게 주면서 아내로 하여금 복용케
하라 하고 말하기를 만약 이 약을 먹으면 아이가 곧 단정하고 산모는
병환이 없을 것이다 하였다.

복용한 이후에 문득 죽거늘 성 밖에 송지送至하여 불로써 태우는데,
여래가 그것을 아시고 문득 무덤 사이로 지나가시니 장자가 비난하
여 말하기를 말한 바가 둘이 없어야 가히 세존이라 이름할 것이거늘
산모가 이미 죽었으니 어떻게 아들이 태어나겠습니까 하기에, 내가
말하기를 장자야, 그대가 그때에 도무지 산모의 목숨이 길고 짧은
것을 물어보지 않고 다만 아이를 밴 것이 이 남자입니까 여자입니까
하고만 물었으니 모든 부처님 여래는 말을 일으킴에 둘이 없다.
이런 까닭으로 마땅히 알아라.

결정코 반드시 아들을 얻을 것이다. 이때에 죽은 시체가 불에 타
배가 찢어지더니 아들이 그 가운데로 좇아 나와 불 가운데 단정히
앉아 있는 것이 마치 원앙새가 연화대에 앉아 있는 것과 같거늘,
내가 그때에 기바를 찾아 이르기를 그대가 불 가운데 가서 이 아이를
안고 나오너라 하니 육사외도가 제지하거늘, 기바가 말하기를 여래
가 나로 하여금 아비지옥에 들어가게 할지라도 있는 바 맹렬한
불이 오히려 능히 태우지 못할 것이어든 하물며 세간의 불이겠는가
하고. 그때에 기바가 앞에 있는 불무더기에 들어가니 마치 청량한
큰 냇물 가운데 들어가는 것과 같았다. 그리고 이 아이를 안고
도리어 나의 처소에 이르러 아이를 주되 나에게 주거늘, 내가 아이를
받은 이후에 장자에게 일러 말하기를 일체중생의 수명을 결정할

수 없는 것이 마치 물 위의 거품과 같아서, 중생이 만약 지중한 업[124]의 과보가 있다면 불이 능히 태우지 못하며 독이 능히 해하지 못하나니, 이 아이의 업보는 나의 소작이 아니다 하였다.

장자가 부처님께 청하여 이 아이의 이름을 지어 주십시오 하니, 부처님이 말씀하시기를 이 아이는 맹렬한 불속에서 태어났으니 불의 이름이 수제樹提이다, 응당 이름을 수제라 하라 하였다.

그때에 회중에서 나의 신통변화를 보고 한량없는 중생들이 아뇩다라 삼먁삼보리심을 일으켰다 하였으니,

그런 까닭으로 말하기를 기바를 가지하여 불에 들어가지만 타지 않게 하는 등과 같다 한 것이다.

곧 불에 들어간다는 말은 두 가지 사실을 겸하였나니

첫 번째는 향래에 말한 연기와 같은 것이요

두 번째는 기바가 말한 바와 같아서 부처님이 하여금 아비지옥에 들어가게 할지라도 맹렬한 불이 태우지 못한다 한 것이다.

다시 한 가지 연기가 있나니[125] 곧 하여금 지옥에 들어가서 제바달다 에게 묻게 한 사실이다.

---

124 지중한 업이란, 정업定業이니 선과 악에 통한다. 여기는 선업이다. 역시 『잡화기』의 말이다.

125 다시 한 가지 연기가 있다고 한 등은 채자권茶字卷 하권 15장을 보라. 그곳에 그 사실이 있다고 『잡화기』에 말하였다.

經

云何是諸佛所行이며

어떤 것이 이 모든 부처님의 소행[126]이며

疏

四에 所行者는 是佛所作이라 或說十種이니 如不思議品云호대 諸佛世尊이 有十種化호대 不失時等이라

네 번째 소행이라고 한 것은 이것은 부처님의 소작[127]이다.
혹 열 가지로 설하나니,
부사의품에 말하기를 모든 부처님 세존이 열 가지 교화하되 때를 잃지 아니함이 있다고 한 등과 같다.

鈔

諸佛所行有十種化者는 卽第四十六經云호대 佛子야 諸佛世尊이 有十種化호대 不失時하니 何等爲十고 所謂一切諸佛이 成等正覺호대 不失時요 二는 成熟有緣이요 三은 授菩提記요 四는 隨衆生心하야

---

126 소행所行은 게송에 소행처所行處라 하니 영인본 화엄 3책, p.449, 5행에 있다.
127 소작所作은 중생을 교화하려고 화작化作하는 행행이다.

示現神力이요 五는 隨衆生解하야 示現佛身이요 六은 住於大捨요 七은 入諸聚落이요 八은 攝諸淨信이요 九는 調惡衆生이요 十은 現不思議諸佛神通이라하니 皆上有一切諸佛하고 下有不失時言이라

모든 부처님의 소행이 열 가지 교화함이 있다고 한 것은 곧 사십육경에 말하기를 불자야, 모든 부처님 세존이 열 가지 교화하되 때를 잃지 아니함이 있나니 어떤 등이 열 가지가 되는가.

말하자면 일체 모든 부처님이 등정각을 성취하되 때를 잃지 않는 것이요

두 번째는 인연 있는 중생을 성숙케 하는 것이요

세 번째는 보리의 수기를 주는 것이요

네 번째는 중생의 마음을 따라 신통력을 시현하는 것이요

다섯 번째는 중생의 앎을 따라 부처님의 몸을 시현하는 것이요

여섯 번째는 대사大捨[128]에 머무는 것이요

일곱 번째는 모든 마을에 들어가는 것이요

여덟 번째는 모든 청정하게 믿는 사람을 섭수하는 것이요

아홉 번째는 악한 중생을 조복하는 것이요

열 번째는 사의할 수 없는 모든 부처님의 신통을 나타내는 것이다 하였으니,

다 위에는 일체 모든 부처님이라는 말이 있고 아래는 때를 잃지 않는다는 말이 있다.

---

128 대사大捨는 사무량四無量의 하나이다.

疏

亦是所行之行이니 如出現品에 謂無礙行이 是如來行等이라 或
大悲攝生하며 或大智造緣하며 無思成事하며 方便善巧로 所作究
竟을 皆名爲行이라

또한 이것은[129] 소행의 행行이니,
출현품에 말하기를 걸림 없는 행이 이 여래의 행이라고 한 등과
같다.
혹은 대비로 중생을 섭수하며, 혹은 대지로 인연을 지으며, 무사無思
로 일을 이루며, 방편선교로 소작을 구경究竟까지 하는 것을 다
이름하여 행이라 하는 것이다.

鈔

亦是所行之行等者는 二에 約所行釋이라 先은 引文이니 謂無礙行이
是如來行等者는 卽五十二經云호대 佛子야 菩薩摩訶薩이 應云何
知如來應正等覺行고 佛子야 菩薩摩訶薩이 應知無礙行이 是如來
行이며 應知眞如行이 是如來行이니라 佛子야 如眞如가 前際不生하
며 後際不動하며 現在不起하야 如來行도 亦如是하야 不生不動不起
라하고 下擧鳥飛虛空에 前後無際하야 況眞如行하며 金翅闢海로 喩

---

129 또한 이것이라 한 등은, 소작所作은 삼업에 통하고, 소행所行은 오직 의업意業
에만 국한한다고 『잡화기』는 말한다.

無礙行하니 廣如彼文하니라 或大悲下는 二에 例釋하며 亦成上義라 大悲攝生은 卽無礙行이요 大智造緣은 卽眞如行이요 無思成事는 成 上二義하야 亦該通所緣이라

또한 이것은 소행의 행이라고 한 것은 두 번째 소행을 잡아서 해석한 것이다.

먼저는 경문을 인용한 것이니

말하기를 걸림 없는 행이 이 여래의 행이라고 한 등이라고 한 것은 곧 오십이경에 말하기를 불자야, 보살마하살이 응당 어떻게 여래·응 공·정등각의 행을 아는가.

불자야, 보살마하살이 응당 걸림 없는 행이 이 여래의 행인 줄 알며, 응당 진여의 행이 이 여래의 행인 줄 알 것이다.

불자야, 진여가 전제에 난 것도 아니며 후제에 태동한 것도 아니며 현재에 생기한 것도 아닌 것과 같아서, 여래의 행도 또한 이와 같아서 난 것도 아니며 태동한 것도 아니며 생기한 것도 아니다 하시고, 아래에 새가 허공을 날아감에 전·후에 끝이 없다고 함을 거론하여 진여의 행에 비황하시며, 금시조가 바다를 치고 들어간 것으로 걸림 없는 행에 비유하시니 폭넓게 설한 것은 저 오십이경문 과 같다.

혹은 대비라고 한 아래는 두 번째 비류하여 해석하며 또한 위에 뜻[130]을 성립한 것이다.

대비로 중생을 섭수한다고 한 것은 곧 걸림 없는 행이요

대지로 인연을 짓는다고 한 것은 곧 진여의 행이요

무사로 일을 이룬다고 한 것은 위에 두 가지 뜻을 성립하여 또한 일체 소연所緣을 해통하는 것이다.[131]

疏

然約人望行일새 標云所行이어니와 旣是所作인댄 實通能所니 故 不同彼境界之中에 彼智所觀과 所應攝化가 但就所故니라 況所 望不同이리요 故不相濫이니라

그러나 사람을 잡아 행을 바라보기에 표하여 말하기를 소행이라 하였거니와 이미 이것은 소작이라 하였다면[132] 진실로 능·소에 통하는[133] 것이니,

그런 까닭으로 저 경계 가운데 저 지혜의 소관所觀과[134] 응당 섭수하여 교화할 바가 다만 소화所化에만 나아간 것과는 같지 않는 까닭이다.

---

130 위에 뜻이란, 먼저는 경문을 인용한 것이라 한 것이다.

131 또한 일체 소연을 해통한다고 한 것은, 말하자면 저 일체 반연하는 바를 해통하는 것이니, 다 무사로 일을 이루는 것이라고 『잡화기』는 말한다.

132 이미 이것은 소작이라 한 것은 바로 위에 소행은 이 부처님의 소작이라 한 것을 말한다.

133 진실로 능·소에 통한다고 한 것은 부처님을 상대함에 소所가 되고, 진여를 상대함에 중생이 능能이 되는 까닭이다.

134 저 경계 가운데라고 한 것은 앞(영인본 화엄 3책, p.403, 9행 원문)에서 말한 모든 부처님의 경계이고, 저 지혜의 소관所觀이라고 한 것은 영인본 화엄 3책, p.408, 6행에 있다.

하물며 바라보는 바가 같지 아니함이겠는가.[135] 짐짓 서로 넘치게
하지 말 것이다.

鈔

然約人望行下는 第三에 揀濫이니 以經云호대 如來所行이 濫於境界
라하니 是悲智所行故라 於中初는 正揀이니 謂佛是能行일새 故로 悲
智之行은 是所行이니 非如於境悲智는 是能行이요 眞如衆生은 是所
行也니라 故云約人望行일새 摽云所行이라하니라 況所望不同者는
上行通能所하고 境唯局所가 已是不同거니와 設同取悲智라도 行約
所行하야 以用悲智하고 境約能行하야 以用悲智호미 如人望子에 名
父요 望父에 名子하나니 一人二用이 豈相濫耶아

그러나 사람을 잡아 행을 바라본다고 한 아래는 세 번째 넘치게
함을 가린 것이니,
경에 말하기를 소행[136]이 경계에 넘친다 하였으니 이것은 비지悲智의

---

135 원문에 황소망부동況所望不同은 능소能所가 부동不同이다. 즉 이 위에는
 소연所緣의 경계를 상대하여 통통과 국국이 같지 아니함을 가리고, 여기서는
 분제分齊의 경계를 상대하여 능능과 소소가 같지 아니함을 가리는 것이다.
 소연경所緣境은 불지경佛之境이고, 분제경分齊境은 불소경佛所境이다. 『잡화
 기』에 말하기를, 이 하물며라 한 위에는 소연의 경계를 잡아서 통하고
 국한함이 같지 아니함을 가렸고, 여기는 분제의 경계를 상대하여 능과
 소가 같지 아니함을 가리는 것이다 하였다.
136 소행은 여래의 소행所行이다.

소행인 까닭이다.

그 가운데 처음은 바로 가린 것이니

말하자면 부처는 이 능행이기에 그런 까닭으로 비·지의 행은[137]
이 소행이니

경계의 비·지[138]는 이 능행이고, 진여의 중생은 이 소행인 것과는
같지 않는 것이다.

그런 까닭으로 말하기를 사람을 잡아 행을 바라보기에 표하여 말하
기를 소행이라 한다 하였다.

하물며 바라보는 바가 같지 아니함이겠는가라고 한 것은 위에 부처
님의 행은 능·소에 통하고 부처님의 경계는 오직 소에만 국한 한
것이 이미 이것이 같지 않은 것이거니와

설사 비·지를 같이 취할지라도 행은 소행을 잡아서 비·지를 운용하
고 경계는 능행을 잡아서 비·지를 운용하는 것이, 마치 사람이
자식을 바라봄에 아버지라 이름하고 아버지를 바라봄에[139] 자식이라
이름하는 것과 같나니,

한 사람[140]을 두 번 운용하는[141] 것이 어찌 서로 넘치는 것이겠는가.

---

137 부처는 이 능행이란 영인본 화엄 3책, p.414, 9행이고, 비·지의 행이란
　　영인본 화엄 3책, p.415, 7행이다.

138 원문에 어경비지於境悲智는 제2구句이고, 그 이전은 차구此句이다.

139 자식을 바라본다고 한 것은 소행이고, 아버지를 바라본다고 한 것은 능행이다.

140 한 사람이란, 부처님이다.

141 두 번 운용한다고 한 것은 능행과 소행이다.

疏

若準瑜伽七十八中인댄 引深密經에 佛答文殊한 此二別相云호대 所行은 謂一切種이니 如來가 共有不思議하고 無量功德으로 莊嚴淨土요 如來境界는 謂一切種이 五界差別이라하니 五界如前하니라

만약 『유가론』 칠십팔권 가운데를 기준한다면, 『해심밀경』에 부처님의 문수에게 답한 이 두 가지 별상別相[142]을 인용하여 말하기를 소행所行은 말하자면 일체 종류의 소행이니
여래가 사의할 수 없고 한량없는 공덕으로 장엄한 정토를 공유共有하는 것이요
여래의 경계는 말하자면 일체 종류의 경계가 오계五界로 차별한 것이다 하였으니,
오계는 앞에서 말한 것과 같다.[143]

鈔

若準瑜伽下는 第二에 引證하야 以釋二相不同이니 經當第五하고 五界全同瑜伽하니라 然瑜伽는 全寫深密하야 爲論거니와 今引瑜伽하고 引經者는 欲雙引經論故니라

---

142 두 가지 별상別相이란, 소행과 여래의 경계이다.
143 오계는 앞에서 말한 것과 같다고 한 것은 영인본 화엄 3책, p.407, 8행에 유정계·세계·법계·조복계·조복가행계라 한 것이다.

만약 『유가론』 칠십팔권 가운데를 기준한다고 한 아래는 두 번째
증거를 인용하여 이상二相이 같지 아니함을 해석한 것이니
『해심밀경』은 제오권에 해당하고, 오계는 온전히 『유가론』과 같다.
그러나 『유가론』은 온전히 『해심밀경』을 전사轉寫하여 논을 삼았거
니와, 지금에 『유가론』을 인용하고 『해심밀경』을 인용한 것은 경과
논을 함께 인용하고자 한 까닭이다.

經

云何是諸佛力이며

어떤 것이 이 모든 부처님의 힘이며

疏

五에 佛力者는 卽佛大力自在니 廣有無量하고 略說有十하니 卽處
非處等이라 又有十種하니 謂廣大力等이니 如不思議品하니라

다섯 번째 부처님의 힘이라고 한 것은 곧 부처님의 큰 힘이 자재한
것이니,
광설하면 한량없이 많이 있고 약설하면 열 가지가 있나니 곧 처비처
지력 등이다.
또 열 가지가 있나니 말하자면 광대력 등이니 부사의품과 같다.

鈔

謂廣大力等者는 卽四十七云호대 佛子야 諸佛世尊이 有十種大力하
니 廣大力과 最上力과 無量力과 大威德力과 難獲力과 不退力과 堅固
力과 不可壞力과 一切世間不思議力과 一切衆生無能動力이라 有
十種大那羅延幢勇健法하니 何等爲十고 所謂一切諸佛身은 不可
壞等이 爲一이라 此上十力이 遍於十種勇健法이니 廣如彼文하니라
今略擧其名하리니 一은 身命不可壞力이요 二는 毛孔容持力이요 三

은 毛持大山力이요 四는 定用自在力이요 五는 常遍演法力이요 六은
德相降魔力이요 七은 圓音遍徹力이요 八은 心無障礙力이요 九는 法
身微密力이요 十은 具足行智力이라 一一力中에 有多義理하니 具於
下文하니라

말하자면 광대력 등이라고 한 것은 곧 사십칠경에 말하기를 불자야,
모든 부처님 세존이 열 가지 큰 힘이 있나니,[144]
광대한 힘과 최상의 힘과 무량한 힘과 대위덕의 힘과 얻기 어려운
힘과 물러나지 않는 힘과 견고한 힘과 가히 무너뜨릴 수 없는 힘
과 일체 세간에 부사의한 힘과 일체중생이 능히 움직일 수 없는
힘이다.[145]

---

[144] 열 가지가 있다고 한 등은, 그 열 가지라고 한 글자가 광대한 힘이라고
한 등의 열 가지 힘을 가리킨 것이 아니다. 그 뜻은 저 광대한 힘 등 열
가지 힘의 용건법이 열 가지가 있음을 갖추어 말하는 것이니, 아래 47경에는
곧 먼저 광대한 힘 등 열 가지 힘을 열거하고, 그 다음에 바야흐로 열
가지 용건법이 있다고 총표하고, 그 뒤에 어떤 것이 열 가지냐고 묻고,
그리고 해석하였거늘, 지금에 인용한 것은 반대로 열 가지라는 말을 광대한
힘 등의 열 가지 힘(8행) 위에 더하여 광대한 힘 등의 열 가지 힘으로 하여금
중간에 있게 한 것은 옛날의 해석에 광대한 힘 등 열 가지 힘으로써 차례대로
저 용건법에 배대하여 백문百門을 이루지 못한 것을 가리기 위한 까닭이다.
그렇다면 곧 열 가지라는 글자가 아래 나라연 등이라는 문장으로 더불어
문장이 점점 간격이 있으나 그 뜻은 곧 서로 붙는 것이다. 채자권 하권
13장을 볼 것이다. 역시 『잡화기』의 말이다.
  열 가지(十種)라고 한 아래에 대력大力이라는 두 글자가 있어야 한다.
[145] 원문에 동력動力이라고 한 아래에 유십종有十種이라는 세 글자가 있어야

열 가지 대나라연당 용건법이 있나니

어떤 등이 열 가지가 되는가.

말하자면 일체 모든 부처님의 몸은 가히 무너뜨릴 수 없다는 등이

하나(一)가 되는 것이다.

이 위에 십력이 열 가지 용건법에 두루하나니 폭넓게 설한 것은

저 경문[146]과 같다.

지금에는 간략하게 그 이름만 거론하리니

첫 번째는 몸과 목숨을 가히 무너뜨릴 수 없게 하는 힘이요

두 번째는 털구멍에 용납하여 가지는 힘이요

세 번째는 털구멍에 큰 산을 용납하여 가지는 힘이요

네 번째는 삼매의 작용이 자재한 힘이요

다섯 번째는 항상 두루 법을 연설하는 힘이요

여섯 번째는 덕상으로 마군을 항복받는 힘이요

일곱 번째는 원만한 음성이 두루 사무치는 힘이요

여덟 번째는 마음이 걸림이 없는 힘이요

아홉 번째는 법신의 미묘하고 세밀한 힘이요

열 번째는 행과 지智를 구족한 힘이다.

낱낱 힘 가운데 많은 의리가 있나니

아래 경문[147]에 갖추어 설하였다.

한다.

146 저 경문이란, 『화엄경』 사십칠권이니 채자권 13장이다.

147 아래 경문이란, 『화엄경』 사십칠권이다. 역시 채자권 13장이다.

經

云何是諸佛無所畏며

어떤 것이 이 모든 부처님의 두려워하는 바가 없는 것이며

疏

六에 無畏者는 無諸畏懼故라 離世間品說호대 有十種無畏라하며
或說四種하니 如常所明이라 昔云前四는 是異二乘功德이요 佛力
은 是破魔功德이요 無畏는 是伏外道功德이라하나 未必全爾니 十
力無畏가 亦不共二乘故니라 然이나 上來에 多明大智功德이라

여섯 번째 두려워하는 바가 없다고 한 것은 모든 두려움이 없는
까닭이다.
이세간품에 말하기를 열 가지 두려움이 없는 것이 있다 하였으며
혹은 네 가지 두려움이 없는 것을 설하였으니,
평소에 밝힌 바와 같다.
옛날 사람이 말하기를 앞에 네 구절은 이것은 이승의 공덕과 다른
것이요
제 다섯 번째 부처님의 힘은 이것은 마군을 깨뜨린 공덕이요
제 여섯 번째 두려움이 없는 것은 이것은 외도를 조복한 공덕이다
하였으나, 반드시 온전하게 그런 것만은 아니니
십력과 무외가 또한 이승과 같지 아니한 까닭이다.

그러나 상래에는 다분히 대지大智의 공덕을 밝힌 것이라 하겠다.[148]

鈔

離世間品者는 卽第五十六云호대 佛子야 菩薩摩訶薩이 有十種無
畏하니 何等爲十고 經文浩博일새 今當義引하리라 謂一은 聞持無畏
요 二는 辯才無畏니 上二는 不畏不能答難이요 三은 二空無畏니 此不
畏妄念이요 四는 威儀無缺無畏요 五는 三業無過無畏니 上二는 不畏
外譏요 六은 外護無畏니 此不畏天魔外道요 七은 正念無畏니 不畏
遺忘이요 八은 方便無畏니 不畏生死요 九는 一切智無畏니 不畏二乘
이요 十은 具行無畏니 不畏不能化生이라하니라 或說四種者는 卽十
藏品辯이니 謂一은 一切智無畏요 二는 漏盡無畏요 三은 出障道요
四는 出苦道라 未必全爾者는 非不許昔解라 但顯義包含耳니라

이세간품이라고 한 것은 곧 오십육경에 말하기를 불자야, 보살마하
살이 열 가지 두려움이 없는(無畏) 것이 있나니,
어떤 등이 열 가지가 되는가.
경문이 넓기에 지금에는 마땅히 뜻으로 인용하겠다.
말하자면 첫 번째는 듣고 받아 가짐에 두려움이 없는 것이요

---

148 다분히 대지의 공덕을 밝힌 것이라고 한 것은, 곧 제 일곱 번째(영인본
  화엄 3책, p.421, 4행) 이하는 다분히 대정(大定─三昧─諸佛三昧)의 공덕 밝힘
  을 나타낸 것이고, 상래에 다분히 대지의 공덕을 밝힌 것이라고 한 것은
  만약 경계의 소증所證이라고 한다면 곧 또한 대비에도 통하는 까닭이다.
  역시 『잡화기』의 말이다.

두 번째는 변재에 두려움이 없는 것이니, 이상에 두 가지는 능히 비난에 답하지 못함을 두려워하지 않는 것이요

세 번째는 이공二空에 두려움이 없는 것이니, 이것은 망념을 두려워하지 않는 것이요

네 번째는 위의가 흠결이 없음에 두려움이 없는 것이요

다섯 번째는 삼업이 허물이 없음에 두려움이 없는 것이니, 이상에 두 가지는 외도의 속임을 두려워하지 않는 것이요

여섯 번째는 외호함에 두려움이 없는 것이니, 이것은 천마와 외도를 두려워하지 않는 것이요

일곱 번째는 정념에 두려움이 없는 것이니 잃어버림을 두려워하지 않는 것이요

여덟 번째는 방편에 두려움이 없는 것이니 생사를 두려워하지 않는 것이요

아홉 번째는 일체 지혜에 두려움이 없는 것이니 이승을 두려워하지 않는 것이요

열 번째는 갖추어 행함에 두려움이 없는 것이니 능히 중생을 교화하지 못함을 두려워하지 않는 것이다 하였다.

혹은 네 가지 두려움이 없는 것을 설하였다고 한 것은 곧 십무진장품에 분별한 것이니,[149]

---

149 십무진장품에 분별한 것이라고 한 것은 십무진장품에는 사무외四無畏, 사념처四念處, 사정근四正勤 등 이름만 있고 설명은 없다. 교림출판, 화엄 2책, p.154에 있다.

말하자면 첫 번째는 일체 지혜에 두려움이 없는 것이요,
두 번째는 번뇌의 누진에 두려움이 없는 것이요,
세 번째는 번뇌를 벗어나는 도에 두려움이 없는 것이요,
네 번째는 고통을 벗어나는 도에 두려움이 없는 것이다.

반드시 온전하게 그런 것만은 아니라고 한 것은 옛날 사람의 해석을
허락하지 않는 것이 아니라 다만 뜻으로 포함하고 있음을 나타내었
을 뿐이다.

經

云何是諸佛三昧며

어떤 것이 이 모든 부처님의 삼매이며

疏

七에 佛三昧者는 謂佛果等持가 數過塵算이니 如師子嚬申等이요
略說十種이니 如不思議品說호대 佛有無量不思議三昧等이라

일곱 번째 부처님의 삼매라고 한 것은 말하자면 불과의 등지等持가
그 수가 티끌 수를 지나나니 마치 사자빈신삼매 등과 같은 것이요
약설하면 열 가지가 있나니 마치 불부사의품에 말하기를 부처님에
게[150] 한량없고 사의할 수 없는 삼매가 있다고 한 등과 같은 것이다.

鈔

如師子頻申等者는 六十一經에 略列百門하니 初는 名普莊嚴法界
三昧요 二는 名普照一切三世에 無礙境界三昧요 最後云호대 師子頻
申三昧라하고 結云호대 以如是等不可說佛刹微塵數三昧로 入毘盧

---

150 원문에 불유佛有라고 한 아래에 십종十種이라는 두 글자가 빠진 듯하다.
한량이 없다고 한 것은 작용이 넓은 것이고, 사의할 수 없다고 한 것은
자체가 깊은 것을 말한 것이라고 『잡화기』는 말한다.

遮那如來가 念念充滿一切法界三昧의 大神變海라하니라 略說十種
者는 卽四十七經云호대 所謂一切諸佛이 恒在正定하사 於一念中에
遍一切處하야 普爲衆生하야 廣說妙法이요 二는 普爲衆生하야 說無
我際요 三은 普入三世요 四는 普入十方의 廣大佛刹이요 五는 普現無
量種種佛身이요 六은 隨諸衆生種種心解하야 現身語意요 七은 說一
切法의 離欲眞際요 八은 演說一切緣起自性이요 九는 示現無量한
世出世間의 廣大莊嚴하야 令諸衆生으로 常得見佛이요 十은 令諸衆
生으로 悉得通達一切佛法의 無量解脫하야 究竟到於無上彼岸이라
하니 每句에 皆有一切諸佛이 恒在三昧하사 於一念中에 遍一切處之
言하니 一如初句니라

사자빈신삼매와 같다고 한 것은 육십일경에 간략하게 백 가지 삼매
문을 열거하였으니[151]
첫 번째는 이름이 널리 법계를 장엄하는 삼매요
두 번째는 이름이 널리 일체 삼세에 걸림 없는 경계를 비추는 삼매요
최후에 말하기를 사자빈신삼매라 하고, 맺어서 말하기를 이와 같은
등 가히 말할 수 없는 부처님 국토의 작은 티끌 수만치 많은 삼매로써
비로자나여래가 생각생각에 일체 법계에 충만한 삼매의 대신통변화

---

151 간략하게 백 가지 삼매문을 열거하였다고 한 등은, 저 육십일경에 백 가지
   삼매문 등이 비록 이 보살이 있은 바이지만 이미 저 백 가지 삼매문 등으로써
   바야흐로 여래의 대삼매 바다에 들어가나니, 곧 여래의 대삼매가 저 백
   가지 삼매문 등을 모두 섭수하고 있음을 족히 보는 것이다. 그런 까닭으로
   지금 그것을 인용하여 바로 부처님에 배속한 것이라고 『잡화기』는 말한다.

의 바다에 들어가신다 하였다.

약설하면 열 가지가 있다고 한 것은, 곧 사십칠경에 말하기를 말하자면 일체 모든 부처님이 항상 정정正定에 계셔 한 생각 가운데 일체처소에 두루하여 널리 중생을 위하여 묘한 법을 폭넓게 설하는 것이요

두 번째는 널리 중생을 위하여 무아의 경계를 설하는 것이요

세 번째는 널리 삼세에 들어가는 것이요

네 번째는 널리 시방의 광대한 부처님의 국토에 들어가는 것이요

다섯 번째는 널리 한량없는 가지가지 부처님의 몸을 나타내는 것이요

여섯 번째는 모든 중생의 가지가지 마음에 앎을 따라서 신·어·의를 나타내는 것이요

일곱 번째는 일체 법에 욕망을 떠난 진실한 경계를 설하는 것이요

여덟 번째는 일체 연기의 자성을 연설하는 것이요

아홉 번째는 한량없는 세간과 출세간의 광대한 장엄을 시현하여 모든 중생으로 하여금 항상 부처님을 얻어 보게 하는 것이요

열 번째는 모든 중생으로 하여금 다 일체 불법의 한량없는 해탈을 통달하여 구경에 더 이상 없는 피안에 이름을 얻게 하는 것이다 하였으니,

매 구절마다 다 일체 모든 부처님이 항상 삼매에 계셔 한 생각 가운데 일체 처소에 두루한다는 말이 있나니 처음 구절과 한결같다 하겠다.

經

云何是諸佛神通이며

어떤 것이 이 모든 부처님의 신통이며

疏

八에 準答及頌인댄 名佛神通者는 謂依定發起無礙神用이라 或
說有十하니 如十通品하니라 不思議品云호대 一切諸佛이 有無邊
際無礙解脫하야 示現無盡大神通力이라하니라 十通은 唯局菩薩
이라 或說有六하니 如常所辯이라 然이나 名通大小니라

여덟 번째 답과 그리고 게송을 기준한다면 이름이 부처님의 신통이
라고 한 것은 말하자면 제 일곱 번째 삼매(定)를 의지하여 걸림
없는 신통작용을 발기한 것이다.
혹은 설하기를 열 가지가 있다고 하였으니 십통품에 설한 것과
같다.
불부사의품에 말하기를 일체 모든 부처님이 끝없이 걸림 없는 해탈
이 있어서 다함없는 대신통력을 시현하신다 하였다.
십통품은 오직 보살에게만 국한한 것이다.[152]

---

[152] 원문에 십통유국보살十通唯局菩薩은 부사의품은 부처님의 신통이고, 십통품
은 오직 보살의 신통이다.

혹은 설하기를 여섯 가지가 있다고 하였으니 평소에 분별한 바와
같다.

그러나 이름은 대승과 소승에 통하는 것이다.

鈔

或說有十者는 一은 他心智通이요 二는 天眼智通이요 三은 知過去劫
宿住智通이요 四는 盡未來際劫智通이요 五는 無礙淸淨天耳智通이
요 六은 無體性無動作하야 往一切佛刹智通이요 七은 分別一切言辭
智通이요 八은 無數色身智通이요 九는 一切法智通이요 十은 入一切
滅盡三昧智通이라 不思議品者는 義引經文이니 無礙解脫一句는 牒
經이요 示現無量大神通力은 顯此解脫이 是神通解脫이니 如淨名에
不思議解脫이 能以須彌를 內芥子等이라 故經云호대 何等爲十고 所
謂一切諸佛이 能於一塵에 現不可說不可說諸佛이 出興於世요 二
는 轉淨法輪이요 三은 衆生受化調伏이요 四는 諸佛國土요 五는 菩薩
受記니 上五에 皆有一切諸佛이 能於一塵에 現不可說不可說言하니
一如初句니라 下五句는 但無不可說不可說言하고 餘同上有하니 謂
六은 現去來今에 一切諸佛이요 七은 現去來今에 一切世界요 八은
現去來今에 一切神通이요 九는 現去來今에 一切衆生이요 十은 現去
來今에 一切佛事라하니 釋曰旣皆一塵頓現인댄 明是大神通力이니
라 十通은 唯局菩薩者는 欲生下六通이 通二乘故니 六은 謂天眼天
耳와 他心宿住와 神境漏盡이라

혹은 설하기를 열 가지가 있다고 한 것은 첫 번째는 타심지통智通이요
두 번째는 천안지통이요
세 번째는 과거제세월에 숙주宿主한 것을 아는 지통이요
네 번째는 미래제세월이 다함을 아는 지통이요
다섯 번째는 걸림 없는 청정한 천이지통이요
여섯 번째는 체성도 없고 동작도 없이 일체 부처님의 국토에 가는
지통이요
일곱 번째는 일체 말씀을 분별하는 지통이요
여덟 번째는 수없는 색신지통이요
아홉 번째는 일체 법 지통이요
열 번째는 일체 멸진삼매에 들어가는 지통이다.

불부사의품이라고 한 것은 뜻으로 경문을 인용한 것이니[153]
걸림 없는 해탈이라고 한 한 구절은 경문을 첩석한 것이요
한량없는[154] 대신통력을 시현하신다 한 것은 이 해탈이 이 신통해탈임

---

153 뜻으로 경문을 인용한 것이라고 한 것은, 『잡화기』에 말하기를 처음에
무변제라 한 세 글자(영인본 화엄 3책, p.423, 3행)는 저 부사의품 경문 초두에
총표하여 말하기를 십종이라 한 말을 뜻으로 인용한 것이고, 뒤에 시현무진
등 여덟 글자(역시 앞의 책 p.423, 3행)는 저 부사의품에 묻고 해석한 열
가지 경문(어떤 것이 열 가지 걸림이 없는 해탈인가 云云한 것)을 뜻으로 인용한
것이다 하였다. 간결하게 옥상옥으로 말해보면 부사의품 초두의 경문으로
더불어 온전히 같다. 그러나 초문鈔文에서는 부사의품 말미에 십종무애해탈
에 나아가 해석한 까닭으로 뜻으로 인용한 것이라 한 것이다.
154 원문에 무량無量이라 한 것은 소문에는 무진無盡이라 하였다.

을 나타낸 것이니

마치 『정명경』에 사의할 수 없는 해탈이 능히 수미산을 개자씨 안에 용납한다는 등과 같다.

그런 까닭으로 경[155]에 말하기를 어떤 등이 열 가지가 되는가.

말하자면[156] 일체 모든 부처님이 능히 한 티끌에 가히 말할 수 없고 가히 말할 수 없는 모든 부처님이 세상에 출흥하심을 나타내는 것이요

두 번째는 청정한 법륜을 전하는 것이요

세 번째는 중생이 교화를 받게 하여 조복하는 것이요

네 번째는 모든 부처님의 국토요

다섯 번째는 보살이 수기를 받는 것이니,

이상의 다섯 구절에 다 일체 모든 부처님이 능히 한 티끌에 가히 말할 수 없고 가히 말할 수 없음을 나타낸다는 말이 있나니 처음 구절과 한결같다 하겠다.

이 아래에 다섯 구절은 다만 가히 말할 수 없고 가히 말할 수 없다는 말만 없고 나머지는 위의 구절에 있는 것과 같나니,

말하자면 여섯 번째는 과거·미래·현금에 일체 모든 부처님을 나타내는 것이요

일곱 번째는 과거·미래·현금에 일체 세계를 나타내는 것이요

여덟 번째는 과거·미래·현금에 일체 신통을 나타내는 것이요

---

155 경이란, 불부사의품이다.
156 말하자면 일체(所謂一切)라 한 등은, 저 부사의품에 열 가지 해탈이 다 이 신통임을 밝히고자 한 것이니 채자권 하권 26장을 보라고 『잡화기』는 말한다.

아홉 번째는 과거·미래·현금에 일체중생을 나타내는 것이요
열 번째는 과거·미래·현금에 일체 불사를 나타내는 것이다 하였
으니,
해석하여 말하면 이미 다 한 티끌에 문득 나타내었다면 분명히
이것은 대신통력이다.

십통품은 오직 보살에게만 국한한다고 한 것은 아래에 육신통(六通)
이 이승二乘에 통함을 생기하고자 한 까닭이니,
육신통은 말하자면 천안통과 천이통과 타심통과 숙주통과 신경(神
境: 神足)통과 누진통이다.

經

云何是諸佛自在며

어떤 것이 이 모든 부처님의 자재이며

(지금에는 북장경을 의지하여[157] 증정하였다.)

疏

九에 準答及頌인댄 名佛自在니 謂所作任意로 無礙成就故라 廣有無量하고 或說百種이라하니 謂於衆生自在等이 各有十故라 略有十種하니 謂命自在等이니 並如離世間品說하니라 不思議品에도 亦說有十하니 謂諸佛世尊이 於一切法에 皆悉自在等이라

아홉 번째 답과 그리고 게송을 기준한다면 이름이 부처님의 자재이니
말하자면 부처님의 소작을 임의대로 걸림 없이 성취하는 까닭이다.
광설하면 한량없이 많이 있고 혹은 말하기를 백 가지가 있다고 하였으니
말하자면 중생에 자재하다 한 등이 각각 열 가지가 있는 까닭이다.
약설하면 열 가지가 있나니
말하자면 명命에 자재하다 한 등이니

---

157 지금에는 북장경을 의지한다고 한 등은, 경문은 차단此段에 있지만 그 뜻은 전단前段에도 통한다고 『잡화기』는 말한다.

아울러 이세간품에 설한 것과 같다.

불부사의품에도 또한 말하기를 열 가지가 있다고 하였으니 말하자면
모든 부처님 세존이 일체 법에 다 자재하다 한 등이다.

鈔

廣有無量者는 歷事別明故니라 或說百種者는 卽五十六經初에 列
十門云호대 佛子야 菩薩摩訶薩이 有十種無礙用하니 何等爲十고 所
謂一에 衆生無礙用과 二에 國土無礙用과 三法四身과 五願六境界와
七智八神通과 九神力十力이라하니 皆有無礙用言이라 下釋一一에
各有十門일새 故成百也니라 略有十種者는 卽五十五經末云호대 佛
子야 菩薩摩訶薩이 有十種自在하니 何等爲十고 所謂命自在니 不可
說劫토록 住壽命故요 心自在니 智慧로 能入阿僧祇三昧故요 資具自
在니 能以無量莊嚴으로 莊嚴一切世間故요 業自在니 隨時受報故요
受生自在니 於一切世界에 示現受生故요 解自在니 於一切世界에
見佛充滿故요 願自在니 隨欲隨時하야 於諸刹中에 成正覺故요 神力
自在니 示現一切大神變故요 法自在니 示現無邊諸法門故요 智自
在니 於念念中에 示現如來가 十力無畏로 成正覺故니 是爲十이니라
若諸菩薩이 安住此法하면 則得圓滿一切諸佛의 諸波羅蜜과 智慧
神力이 自在라하니라 不思議品者는 卽第四十六云호대 何等爲十고
所謂一切諸佛이 於一切法에 悉得自在하야 明達種種句身味身하야
演說諸法에 辯才無礙가 是爲諸佛의 第一自在法이라하니라 下略取
意리니 上卽法自在요 二는 心自在요 三은 勝解自在요 四는 財自在요

五는 命自在요 六은 如意自在요 七은 智自在요 八은 業自在요 九는 受生自在요 十은 願自在라 然上二經은 與八地全同하니라

광설하면 한량없이 많이 있다고 한 것은 부처님의 역사歷事[158]를 따로 밝힌 까닭이다.

혹은 말하기를 백 가지가 있다고 하였다는 것은 곧 오십육경 초에 십문을 열거하여 말하기를 불자야, 보살마하살이 열 가지 걸림이 없는 작용이 있나니
어떤 등이 열 가지가 되는가.
말하자면 첫 번째 중생에 걸림이 없는 작용과 두 번째 국토에 걸림이 없는 작용과 세 번째 법과 네 번째 몸과 다섯 번째 서원과 여섯 번째 경계와 일곱 번째 지혜와 여덟 번째 신통과 아홉 번째 신력과 열 번째 역力이다 하였으니,
다 걸림이 없는 작용이라는 말이 있다.
아래 낱낱 문을 해석함에 각각 십문이 있기에[159] 그런 까닭으로 백 가지 문을 이루는 것이다.

---

158 역사歷事란, 지나온 일을 말한다.

159 아래 낱낱 문을 해석함에 각각 십문이 있기에 운운한 것은 화엄 오십육경에 열 가지 걸림이 없는 작용을 열거하고 그 아래에 열 가지 걸림이 없는 작용을 낱낱이 해석함에 일문一門에 각각 십문十門이 있나니, 즉 중생의 걸림이 없는 작용에 십문이 있고, 국토의 걸림이 없는 작용에 십문이 있고, 법의 걸림이 없는 작용에 십문이 있는 등등으로 백문百門을 이룬다는 것이다.

약설하면 열 가지가 있다고 한 것은 곧 오십오경 말에 말하기를 불자야, 보살마하살이 열 가지 자재가 있나니

어떤 등이 열 가지가 되는가.

말하자면 명命에 자재하나니 가히 말할 수 없는 세월토록 수명에 머무는 까닭이요

마음에 자재하나니 지혜로 능히 아승지 삼매에 들어가는 까닭이요

자구資具에 자재하나니 능히 한량없는 장엄으로써 일체 세간을 장엄하는 까닭이요

업에 자재하나니 때를 따라서 과보를 받는 까닭이요

수생受生에 자재하나니 일체 세계에 수생을 시현하는 까닭이요

지해에 자재하나니 일체 세계에 부처님이 충만함을 보는 까닭이요

원願에 자재하나니 욕락을 따르고 때를 따라 모든 국토 가운데에 정각을 성취하는 까닭이요

신력에 자재하나니 일체 대신통변화를 시현하는 까닭이요

법에 자재하나니 끝없는 모든 법문을 시현하는 까닭이요

지혜에 자재하나니 생각생각 가운데 여래가 십력과 사무외로 정각을 성취함을 시현하는 까닭이니,

이것이 열 가지가 되는 것이다.

만약 모든 보살이 이 법에 편안히 머문다면 곧 일체 모든 부처님의 모든 바라밀과 지혜와 신력이 자재함을 얻을 것이다 하였다.

불부사의품이라고 한 것은 곧 사십육경에 말하기를 어떤 등이 열 가지가 되는가.

말하자면 일체 모든 부처님이 일체 법에 다 자재[160]함을 얻어서
가지가지 구신句身과 미신味身[161]을 밝게 요달하여 모든 법을 연설하
심에 변재가 걸림이 없는 것이 이것이 모든 부처님의 제일 첫 번째
자재법이 되는 것이다 하였다.

이 아래는 간략하게 뜻으로 취取하리니

이 위에[162]는 곧 법에 자재한 것이요

두 번째는 마음에 자재한 것이요

세 번째는 승해勝解에 자재한 것이요

네 번째는 재물에 자재한 것이요

다섯 번째는 명命에 자재한 것이요

여섯 번째는 여의如意에 자재한 것이요

일곱 번째는 지혜에 자재한 것이요

여덟 번째는 업에 자재한 것이요

아홉 번째는 수생에 자재한 것이요

열 번째는 서원에 자재한 것이다.

그러나 이상에 두 경[163]은 팔지로 더불어 온전히 같다 하겠다.

---

160 자재라고 한 것은 저 부사의품(46경)에 무애라 말하였거늘, 지금에 자재라
말한 것은 저 부사의품에 무애라 말한 것이 곧 지금에 자재임을 밝히고자
한 까닭이라고 『잡화기』는 말한다.

161 구신句身과 미신味身이라고 한 것은, 구신은 능전能詮의 문구文句이고, 미신은
소전所詮의 의미意味이고, 신身은 취취聚의 뜻이라고 『잡화기』는 말한다.

162 위에라고 한 것은 첫 번째를 말한다.

163 두 경이라고 한 것은 화엄 오십육경과 사십육경이다.

經

云何是諸佛의 無能攝取며

어떤 것이 이 모든 부처님의 능히 섭취할 수 없는 것이며

疏

十에 無能攝取者는 頌엔 名無能制伏이라하고 答中엔 名無能毀壞라하니 謂佛所作을 無有天上人中에 沙門魔梵과 及諸二乘과 大菩薩等이 神力能制이라 是故舊經에 翻爲佛勝法也라하니라 略有十種하니 如不思議品에 諸佛이 有十種最勝法等이라

열 번째 능히 섭취할 수 없다고 한 것은 게송에는 이름을 능히 제어하여 조복할 수 없다고 하였고, 답 가운데는 이름을 능히 훼손하여 무너뜨릴 수 없다고 하였으니,
말하자면 부처님의 소작을 천상과 인간 가운데 사문이나 마군이나 범천이나 그리고 모든 이승이나 대보살 등이 신통력으로 능히 제어할 수 없는 것이다.
이런 까닭으로 구경舊經에 번역하여 부처님의 수승한 법(佛勝法)이라 하였다.
약설하면 열 가지가 있나니, 불부사의품에 모든 부처님이 열 가지 가장 수승한 법이 있다고 한 등과 같다.

鈔

如不思議品에 諸佛有十種最勝法者는 卽四十六經이니 一은 順晉
經의 佛最勝法言일새 故引此文이라 經云호대 所謂一切諸佛이 大願
堅固하야 不可沮壞하고 所言必作하야 言無有二요 二는 爲欲圓滿一
切功德코자하야 盡未來劫토록 修菩薩行호대 不生懈倦이요 三은 爲欲
調伏一切衆生故로 往不可說不可說世界하야 如是而爲一切衆生
호대 而無斷絶이요 四는 於信毁의 二種衆生에 大悲普觀호대 平等無
異요 五는 從初發心으로 乃至成佛히 終不退失菩提之心이요 六은
積集無量諸善功德하야 皆以迴向一切智性호대 於諸世間에 終無染
著이요 七은 於諸佛所에 修學三業호대 唯行佛行하고 非二乘行하야
皆爲迴向一切智性하야 成於無上正等菩提요 八은 放大光明에 其
光平等하야 照一切處하고 及照一切諸佛之法하야 令諸菩薩로 心得
淸淨하야 滿一切智요 九는 捨離世樂하야 不貪不染하야 而普願世間
으로 離苦得樂하야 無諸戲論이요 十은 愍諸衆生이 受種種苦하야 守
護佛種하고 行佛境界하야 出離生死하야 逮十力地니 是爲十이라하니
라 每句之上에 皆有一切諸佛之言하니 一同初句니라

불부사의품에 모든 부처님이 열 가지 가장 수승한 법이 있다고
한 등과 같다고 한 것은 곧 사십육경이니,
첫 번째는 진경晉經에 부처님의 가장 수승한 법이라고 한 말을 따르기
에 그런 까닭으로 이 경문을 인용하였다.
경에 이르기를 말하자면 일체 모든 부처님이 큰 서원이 견고하여

가히 무너뜨릴 수 없고 말한 바는 반드시 작위하여 말이 둘이 없는
것이요

두 번째는 일체 공덕을 원만케 하고자 하기 위하여 미래의 세월이
다하도록 보살의 행을 닦되 게으른 생각을 내지 않는 것이요

세 번째는 일체중생을 조복케 하고자 하기 위한 까닭으로 가히
말할 수 없고 가히 말할 수 없는 세계에 가서 이와 같이 일체중생을
위하되 끊어짐이 없이 하는 것이요

네 번째는 믿고 믿지 않는(毁) 두 종류의 중생에게 대비로 널리
관찰하되 평등하게 다름이 없이 하는 것이요

다섯 번째는 초발심으로 좇아 이에 성불함에 이르기까지 마침내
보리의 마음을 퇴실하지 않는 것이요

여섯 번째는 한량없는 모든 좋은 공덕을 쌓아 모아 다 일체 지혜의
성품에 회향하되 모든 세간에 마침내 물들거나 집착함이 없는 것
이요

일곱 번째는 모든 부처님의 처소에서 삼업을 닦아 배우되 오직
부처님의 행만을 행하고 이승의 행은 행하지 않아 다 일체 지혜의
성품에 회향하여 더 이상 없는 정등보리를 이루는 것이요

여덟 번째는 큰 광명을 놓음에 그 광명이 평등하여 일체 처소를
비추고 그리고 일체 모든 부처님의 법을 비추어 모든 보살로 하여금
마음에 청정함을 얻어 일체 지혜를 만족케 하는 것이요

아홉 번째는 세간의 즐거움을 버리고 떠나 탐욕도 없고 물듦도
없어 널리 세간으로 고통을 떠나 즐거움을 얻어 모든 희론이 없기를
서원하는 것이요

열 번째는 모든 중생이 가지가지 고통 받음을 어여삐 여겨 부처님의 종성을 수호하고 부처님의 경계를 행하여 생사를 벗어나 십력의 지위에 이르는 것이니,

이것이 열 가지가 되는 것이다 하였다.

매 구절 위에 다 일체 모든 부처님이라는 말이 있나니 처음 구절과 동일하다 하겠다.

疏

若取無能毀壞인댄 即十種大那羅延幢勇健法이 是라 上之十問은 多在不思議品하니 至下當知리라

만약 능히 훼손하여 무너뜨릴 수 없다고 한 것을 취한다면 곧 열 가지 대나라연당 용건법이 이것이다.

위에 열 가지 질문은 다분히 불부사의품에 있나니 아래에 이르러 마땅히 알게 될 것이라.

鈔

若取無能壞者는 二에 依今經釋이라 大勇健法은 前文已引하니 則義有兩兼이라 多在不思議法品者는 亦有離世間等일새 故致多言이라

만약 능히 훼손하여 무너뜨릴 수 없다고 한 것을 취한다고 한 것은 두 번째 지금에 『화엄경』을 의지하여 해석한 것이다.

대나라연당 용건법이라고 한 것은 전문前文[164]에서 이미 인용하였
으니

곧 뜻이 양쪽을 겸하고 있다[165] 하겠다.

다분히 불부사의품에 있다고 한 것은 또한 이세간품 등에도 있기에
그런 까닭으로 다분히(多)라는 말을 이루는 것이다.

---

164 전문前文이라고 한 것은 영인본 화엄 3책, p.419, 1행 제 다섯 번째 불력佛力
   가운데 소문이다.

165 뜻이 양쪽을 겸하고 있다고 한 것은 이 용건법이 불력과 무능섭취無能攝取를
   겸하고 있다. 불력은 제 다섯 번째 구절이고, 무능섭취는 여기 제 열 번째
   구절인 까닭으로 양쪽을 겸하였다는 것이다. 『잡화기』는 다만 이 한 용건법이
   불력과 그리고 무능섭취를 겸한 것을 말한다고만 하였다.

經

云何是諸佛眼이며 云何是諸佛耳며 云何是諸佛鼻며 云何是
諸佛舌이며 云何是諸佛身이며 云何是諸佛意며 云何是諸佛身
光이며 云何是諸佛光明이며 云何是諸佛聲이며 云何是諸佛智
닛가

어떤 것이 이 모든 부처님의 눈이며
어떤 것이 이 모든 부처님의 귀이며
어떤 것이 이 모든 부처님의 코이며
어떤 것이 이 모든 부처님의 혀이며
어떤 것이 이 모든 부처님의 몸이며
어떤 것이 이 모든 부처님의 뜻이며
어떤 것이 이 모든 부처님의 몸의 빛이며
어떤 것이 이 모든 부처님의 광명이며
어떤 것이 이 모든 부처님의 음성이며
어떤 것이 이 모든 부처님의 지혜입니까.

疏

二에 云何是諸佛眼下에 十句는 問體相顯著니 謂六根三業이라
於身業中에 開常光爲身光하고 放光爲光明일새 故有十句니라 不
思議法品에 諸佛이 有十種法하야 普遍無量無邊法界하나니 謂無

邊際眼等이라 離世間品엔 一一各有十門으로 辯釋이라

두 번째 어떤 것이 이 모든 부처님의 눈이며라고 한 아래에 십구十句는
체·상이 현저顯著함을 물은 것이니
말하자면 육근과 삼업이다.
저 신업身業 가운데 열어서 상광常光으로 몸의 빛(身光)을 삼고 방광放
光으로 광명을 삼기에 그런 까닭으로 십구十句가 있는 것이다.
불부사의법품에[166] 모든 부처님이 열 가지 법이 있어서 널리 한량없고
끝없는 법계에 두루하나니 말하자면 끝없는 눈이라 한 등이다.
이세간품에는 날날이 각각 십문으로 분별하여 해석한 것이 있다.

鈔

不思議法品者는 卽四十六經云호대 何等爲十고 所謂一切諸佛이
有無邊際身하야 色相淸淨하야 普入諸趣나 而無染著이요 二는 無障
礙眼으로 於一切法에 悉能明見이요 三은 無障礙耳로 悉能解了一切
音聲이요 四는 鼻能到諸佛自在彼岸이요 五는 有廣長舌하야 出妙音
聲이요 六은 身應衆生하야 咸令得見이요 七은 意住無礙平等法身이
요 八은 無礙解脫로 示現無盡大神通力이요 九는 淸淨世界로 隨衆生
樂하야 現衆佛土하야 具足無量種種莊嚴이나 而於其中에 不生染著

---

166 불부사의법품 운운한 것은 부사의품은 육근과 삼업을 총증總證하고, 이세간
품은 육근만 별증別證하고, 출현품은 삼업만 별증한 것이다. 대개 육근
가운데 신근身根은 별別이 되고, 삼업 가운데 신업身業은 총總이 되는 것이니
그런 까닭으로 같지 않은 것이다. 이상은 다 『잡화기』의 말이다.

이요 十은 菩薩行願으로 得圓滿智하고 遊戲自在하야 悉能通達一切佛法이라 佛子야 是爲如來應正等覺의 普遍無邊際하는 十種佛法이라하니라 其一一句上에 皆有一切諸佛이 有無邊際言하니 一如初句하니라 但第五舌에만 無無邊際言하니 以廣長替故니라 離世間品者는 卽第五十七經이니 謂十眼十耳等이라 十眼者는 一은 肉眼이요 二는 天眼이요 三은 慧요 四는 法이요 五는 佛이요 六은 智요 七은 光明이요 八은 出生死요 九는 無礙요 十은 一切智眼이라 其十耳十鼻等은 廣如彼文辯하니라 然彼是菩薩眼等이나 而下結皆云호대 則得佛眼等이라하니 故通因果니 可釋佛眼等이라

부사의품이라고 한 것은 곧 사십육경에 말하기를 어떤 등이 열 가지가 되는가.

말하자면 일체 모든 부처님이 끝없는 몸이 있어서 색상이 청정하여 널리 제취諸趣에 들어가지만 그러나 물들거나 집착함이 없는 것이요

두 번째는 걸림 없는 눈으로 일체 법에 다 능히 밝게 보는 것이요

세 번째는 걸림 없는 귀로 다 능히 일체 음성을 아는 것이요

네 번째는 코로 능히 모든 부처님의 자재한 피안에 이르는 것이요

다섯 번째는 넓고 긴 혀가 있어서 묘한 음성을 출생하는 것이요

여섯 번째는 몸으로 중생에게 응하여 다 하여금 봄을 얻게 하는 것이요

일곱 번째는 뜻으로[167] 걸림 없는 평등한 법신에 머무는 것이요

---

[167] 일곱 번째는 뜻으로(意住) 운운은, 채자권 상권 13장을 보라고 『잡화기』는

여덟 번째는 걸림 없는 해탈로 끝없는 대신통력을 시현하는 것이요

아홉 번째는 청정한 세계로 중생이 좋아함을 따라서 수많은 부처님의 국토를 나타내어 한량없는 가지가지 장엄을 구족하였지만 그러나 그 가운데 물들거나 집착함을 내지 않는 것이요

열 번째는 보살의 행원으로 원만한 지혜를 얻고 노닐기를 자재로 하여 다 능히 일체 불법을 통달하는 것이다.

불자야, 이것이 여래·응공·정등각이 널리 끝없는 법계에 두루하는 열 가지 불법이 되는 것이다 하였다.

그 낱낱 구절 위에 다 일체 모든 부처님이 끝없는 …이 있다는 말이 있나니 처음 구절과 한결같다 하겠다.

다만 제 다섯 번째 혀(舌)에만 끝이 없다는 말이 없나니,

넓고 길다(廣長)는 것으로써 대신하는 까닭이다.

이세간품이라고 한 것은 곧 제 오십칠경이니 말하자면 십안十眼과 십이十耳 등이다.

십안이라고 한 것은 첫 번째는 육안이요,

두 번째는 천안이요,

세 번째는 혜안이요,

네 번째는 법안이요,

다섯 번째는 불안이요,

여섯 번째는 지안智眼이요,

말하고 있다. 고본에 往 자를 住 자로 고치면서 한 말이다.

일곱 번째는 광명안이요,

여덟 번째는 출생사안이요,

아홉 번째는 무애안이요,

열 번째는 일체지안이다.

그 십이+耳와 십비+鼻라고 한 등은 널리 저 이세간품의 경문에서 분별한 것과 같다.

그러나 저 이세간품은 이 보살의 십안 등이라 하였지만 아래의 결론에는 다 말하기를 곧 불안을 얻는 등[168]이다 하였으니,

그런 까닭으로 인·과에 통하는[169] 것이니 가히 불안을 해석한 등이라 할 수 있겠다.

疏

又出現品에 說佛三業이 各具十義라하니라 然諸經論에 說佛常光은 一尋이라하얏거니와 準不思議品인댄 常妙光明이 不可說不可說의 種種色相으로 以爲嚴好하고 爲光明藏하야 出生無量圓滿光明하야 普照十方이나 無有障礙라하니라

또 출현품에 말하기를 부처님의 삼업이 각각 열 가지 뜻을 갖추었다고 하였다.

---

168 곧 불안을 얻는 등이라 한 것은, 말하자면 만약 십안+眼에 안주하면 곧 불안을 얻는다고 『잡화기』는 말하고 있다.

169 인·과에 통한다고 한 것은 인因은 보살이고, 과果는 부처이다.

그러나 모든 경·론에 말하기를 부처님의 상광常光은 일심一尋[170]이라
하였거니와, 불부사의품을 기준한다면 항상하고 묘한 광명이 가히
말할 수 없고 가히 말할 수 없는 가지가지 색상으로 상호를 장엄하고
광명의 창고를 삼아 한량없이 원만한 광명을 출생하여 널리 시방을
비추지만 걸림이 없다 하였다.

鈔

又出現品者는 身在五十經하고 語意在五十一이니 各有十義하야 並
以十喩로 喩之니라 常妙光明者는 卽四十六經의 十種莊嚴中에 第七
莊嚴文云호대 一切諸佛이 皆有無量常妙光明하야 不可說不可說의
種種色相으로 以爲嚴好하고 爲光明藏하야 出生無量圓滿光明하야
普照十方이나 無有障礙하나니 是爲諸佛의 第七最勝無上常妙光明
莊嚴이라하니라

또 출현품이라고 한 것은 신업은 오십경에 있고 어업語業과 의업意業
은 오십일경에 있나니,
각각 열 가지 뜻이 있어서 아울러 열 가지 비유로써 그 삼업에
비유하였다.

항상 묘한 광명이라고 한 것은 곧 사십육경의 열 가지 장엄 가운데

---

170 일심一尋은 여섯 자(180cm)이다.

제 일곱 번째 장엄의 경문에 말하기를 일체 모든 부처님이 다 한량없는 항상하고 묘한 광명이 있어서 가히 말할 수 없고 가히 말할 수 없는 가지가지 색상으로 상호를 장엄하고 광명의 창고를 삼아 한량없이 원만한 광명을 출생하여 널리 시방을 비추지만 걸림이 없나니,
이것이 모든 부처님의 제 일곱 번째 가장 수승하고 더 이상 없는 항상하고 묘한 광명의 장엄이 되는 것이다 하였다.

疏

然이나 放光은 則有時不放하니 如諸會의 面門毫相에 所放之類하니라 然이나 相海品엔 其一一相에 常放光明이라하니 斯卽放光도 亦通常光이라 而分別者인댄 常卽湛遍이요 放則見에 有去來故니라

그러나 방광放光은 곧 어떤 때에는 놓지 않기도 하나니 마치 모든 회會에서 면문面門과 백호상에 놓은 바 유형과 같다.
그러나 상해품에서는 그 낱낱 상相에 항상 광명을 놓는다 하였으니 이것은 곧 방광도 또한 상광에 통한다는 것이다.
그러나 분별한다면 상광은 곧 담연하게 두루하는 것이요,
방광은 곧 봄에 가고 옴이 있는 까닭이다.

鈔

然이나 放光下는 通伏難이니 恐有難言호대 若常光一尋인댄 與放光

異어니와 今常光이 周於法界라하니 何異放光고할새 故爲此通하니라
而分別者下는 亦通妨難이니 謂上通호대 放光異常光者는 則放光은
有時不放이라하얏거니와 今引相海엔 常放이라하니 如何取別고할새
故爲此通하니라

그러나 방광이라고 한 아래는 숨어서 비난함을 통석한 것이니,
어떤 사람이 비난하여 말하기를 만약 상광이 일심一尋이라면 방광으
로 더불어 다르거니와 지금에는 상광이 법계에 두루한다 하니,
어찌 방광과 다르겠는가 할까 염려하기에 그런 까닭으로 이 통석을
한 것이다.

그러나 분별한다고 한 아래는 또한 해방하여 비난함을 통석한 것
이니,
말하자면 위에서 통석하기를 방광이 상광과 다른 것은 곧 방광은
어떤 때에는 놓지 않기도 한다 하였거니와 지금에 인용한 상해품에
서는 항상 광명을 놓는다 하였으니, 어떻게 취함이 다른가 하기에
그런 까닭으로 이 통석을 한[171] 것이다.

疏

言佛智者는 廣卽無量하고 略說有十거니와 體不出五하니 謂淸淨

---

[171] 이 통석을 한다고 한 것은, 상광常光은 곧 담연하게 두루하고, 방광放光은
곧 봄에 가고 옴이 있는 까닭이다 한 것이다.

智와 及大圓鏡等四智라 要唯有二니 謂根本後得이요 總攝唯一이
니 諸法實相인 無障礙智라 此之十句는 多如相海와 及隨好品이라

모든 부처님의 지혜라고 말한 것은 광석하면 곧 한량이 없고 약설하
면 열 가지가 있거니와, 자체는 다섯 가지를 벗어나지 않나니[172]
말하자면 청정지와 그리고 대원경지 등 사지보리이다.
요체要體는 오직 둘만 있을 뿐이니 말하자면 근본지와 후득지요
한꺼번에 섭수한다면 오직 하나뿐이니 제법의 실상인 걸림 없는
지혜이다.
여기 십구는 다분히 상해품과 그리고 수호품과 같다.

鈔

廣卽無量者는 隨事無邊故라 略說有十者는 卽如出現品 第五十一
經의 明意業中에 如來心意識을 俱不可知니 但以智無量故로 知如
來心이 說有十智十喩호미 是也니라 體不出五者는 卽攝論과 佛地論
에 皆言五法으로 攝大覺性하니 謂一眞法界와 四智菩提라하니 則
一은 是理요 而非是智어니와 今淸淨智는 卽一眞法界니 卽本來智性
이라 金剛頂瑜伽에 說有五智하니 初는 法界淸淨智라하니 卽一眞法
界故니라

---

172 자체는 다섯 가지를 벗어나지 않는다고 한 것은 영인본 화엄 3책, p.401,
8행에 이미 설하였다.

광석하면 곧 한량이 없다고 한 것은 일을 따라 끝이 없는 까닭이다.

약설하면 열 가지가 있다고 한 것은 곧 출현품 제 오십일경의 의업을 밝히는 가운데 여래의 심의식心意識을 함께 가히 알 수 없나니, 다만 지혜가 한량이 없는 까닭으로 여래의 마음을 아는 것이 십지十智, 십유十喩가 있다고 설하는 것과 같은 것이 이것이다.

자체는 다섯 가지를 벗어나지 않는다고 한 것은, 곧 『섭론』과 『불지론』[173]에 다 말하기를 오법五法으로 대각의 성품을 섭수하나니 말하자면 일진법계와 사지보리다 하였으니,
곧 첫 번째는 이 이理이고 지智가[174] 아니거니와, 지금에 청정지는[175] 곧 일진법계이니 곧 본래지本來智의 성품이다.
『금강정유가경』[176]에 말하기를 오지五智가 있나니 처음에는 법계청

---

173 『불지론』은 『불지론』 제일권이니 영인본 화엄 3책, p.401에 말한 바 있다.
174 이理, 지智라고 한 것은 영인본 화엄 3책, p.401, 말행末行에는 진리眞理와 묘지妙智라 하였다.
175 지금에 청정지라 운운한 것은, 지금 소문에 청정지라고 한 것이 곧 『불지론』에 일진법계라 한 것을 밝힌 것이고, 곧 본래지라 운운한 것은 일진법계가 지智가 되는 바의 뜻을 밝힌 것이니, 법계이"니" 지성일"새" 吐이다. 이상은 『잡화기』의 말이다. 그러나 나는 법계이"니" 지성이"라" 吐로 번역하였다.
176 『금강정유가경』은 『금강정유가경』에 세 가지가 있나니 一은 금강정일체여래 진실섭대승현증대교왕경이니 불공삼장이 번역하였다. 二는 일체여래진실 섭대승현증삼매교왕경이니 시호施護가 번역하였다. 三은 금강정유가중약 출염송경이니 금강지가 번역하였다.

정지라 하였으니,

곧 일진법계인 까닭이다.

經

唯願世尊은 哀愍我等하사 開示演說하소서

오직 원컨대 세존께서는 저희 등을 어여삐 여겨 개시開示하시고
연설하소서.

疏

二에 惟願下는 結請이니 將欲引例일새 故且結請이라

두 번째 오직 원컨대라고 한 아래는 청함을 맺는 것[177]이니,
장차 예를 인용하고자 하기에[178] 그런 까닭으로 우선 청함을 맺는
것이다.

---

[177] 원문에 결청結請은 선先은 명의념明疑念(염청念請)이고 후後는 결청結請이다.
[178] 장차 예를 인용하고자 한다고 한 것은 또 시방세계의 바다라 한 등이니
바로 뒤에 나온다.

經

又十方世界海에 一切諸佛이 皆爲諸菩薩하야 說世界海와 衆生
海와 法海와 安立海와 佛海와 佛波羅蜜海와 佛解脫海와 佛變化
海와 佛演說海와 佛名號海와 佛壽量海와

또 시방세계의 바다에 일체 모든 부처님이 다 모든 보살을 위하여
세계의 바다와
중생의 바다와
법계 안립의 바다와
부처님의 바다와
부처님 바라밀의 바다와
부처님 해탈의 바다와
부처님 신통변화의 바다와
부처님 연설의 바다와
부처님 명호의 바다와
부처님 수명 양量의 바다와 (지금의 북장경을 의지하여 증정하였다.)

疏

二에 又十方下는 引例擧法請이라 亦分爲二러니 初는 引例요 後는
結請이라 今初分二러니 前十句는 問化用普周요 後十句는 問因德
深廣이라 今初文唯有九니 闕安立海라 一에 世界海者는 是化用
處니 如華藏品이라 二에 衆生海는 是所化機니 卽刹中所持라 三은

準答及頌인댄 名法界安立海니 如世界成就品에 通明法界의 所
安立海가 起具因緣等故라 若因緣者인댄 賢首云 所化生法也며
亦是前二가 於法界中에 施設安立故니 諸經論에 皆說世諦하야
爲安立諦니라 然安立言은 梵云奈耶니 而義多含이라 或云理趣라
하고 或云方便이라하고 或云法式이라하고 或云法門이라하고 或云
安立이라하나니 故知卽安立法式也니라

두 번째 또 시방세계의 바다라고 한 아래는 예를 인용하고 법을
거론하여 청한 것이다.
또한 분류하여 두 가지로 하리니
처음에는 예를 인용한 것이요
뒤에는 청함을 맺는 것이다.
지금은 처음으로 두 가지로 분류하리니
앞에 십구는 교화하는 작용이 널리 두루함을 질문한 것이요
뒤에 십구는 인덕因德이 깊고도 넓은 것을 질문한 것이다.
지금은 처음으로 문장에 오직 아홉 구절만 있을 뿐이니 법계 안립의
바다가 빠졌다.

첫 번째 세계의 바다라고 한 것은 이것은 교화하는 작용의 처소이니
화장세계품과 같다.
두 번째 중생의 바다라고 한 것은 이것은 교화할 바 근기이니 곧
국토 가운데 주지住持하는 바이다.
세 번째는 답과 그리고 게송을 기준한다면 이름이 법계 안립의 바다

이니,

세계성취품에 법계에 안립할 바[179] 바다가 일어나는 것이 인연[180]을 갖추어야 한다는 등[181]을 통틀어 밝힌[182] 것과 같은 까닭이다.

만약 인연이라 하였다면 현수가 말한 중생을 교화할 바 법이라 한 것이며

또한 앞에 두 가지 바다[183]가 법계 가운데 시설하여 안립한 까닭이니, 모든 경론에 다 세제世諦를 설하여 안립제安立諦를 삼은 것이다.

그러나 안립安立이라는 말은 범어에 말하기를 내야奈耶이니 뜻이

---

179 세계성취품에 법계에 안립할 바라고 한 것은 일체세계해海, 일체중생해海, 일체제불해, 일체법계해 등이니 교림 화엄 1책, p.211에 있다.

180 인연이란, 십사十事 가운데 하나이다.

181 등이란, 나머지 구사九事이다.

182 통틀어 밝힌다고 한 등은 여기에 세 가지 해석이 있나니, 처음에 해석은 곧 법계는 안립할 바가 되고 인과는 능히 안립하는 것이 되는 것이다. 다음에 해석은 곧 법계는 위와 같이 안립할 바가 되고 중생을 교화하는 법은 능히 안립하는 것이 되는 것이니 말하자면 보살이 국토를 취하는 것이 다 중생을 인연하는 것이다. 만약 중생이 없다면 국토를 취한들 무슨 소용이 있겠는가 하는 까닭이다. 뒤에 해석은 곧 세계의 중생은 안립할 바가 되고 법계는 곧 안립하는 처소이다. 혹은 가히 다음에 해석은 곧 법계의 법法 자는 바로 중생을 교화하는 법을 명목한 것이고, 계界 자는 곧 분제(分齊-경계)이고, 안립은 곧 법식法式이니 이 뜻이 정의가 된다. 장자권長字卷 6장을 볼 것이다. 바로 아래 안립할 바 바다가 일어나는 것이 인연을 갖추어야 한다는 것은 곧 십사十事의 첫 번째이고, 인연 등이라 한 등等 자는 곧 나머지 구사九事를 등취한 것이니 장자권 15장을 볼 것이다. 이상은 다 『잡화기』의 말이다.

183 앞에 두 가지 바다는 세계의 바다와 중생의 바다이다.

많이 포함되어 있다.

혹은 말하기를 이취理趣라고도 하고

혹은 말하기를 방편이라고도 하고

혹은 말하기를 법식이라고도 하고

혹은 말하기를 법문이라고도 하고

혹은 말하기를 안립이라고도 하나니,

그런 까닭으로 곧 안립과 법식인 줄 알아야 할[184] 것이다.

鈔

通明法界所安立海等者는 此有三釋하니 初卽疏意라 而言通明者
는 謂世界海는 唯約果說이요 法界安立海는 通因通果니 由具因緣하
야 能安立法界故라 二는 賢首云所化生法은 復是一義니 唯取化生
之法이라 亦是前二下는 是第三義니 安立衆生世界故라 前二는 卽世
界海와 及衆生海라 於中有二하니 先은 正明이요 後에 然安立言下는
引梵文證이라 此是賢首가 引證後二義니 法式은 卽化生法也요 安立
은 卽第三義라 故로 結云호대 卽安立法式이라하니라

법계에 안립할 바 바다가 일어나는 것이 인연을 갖추어야 한다는
등을 통틀어 밝혔다고 한 것은 여기에 세 가지 해석이 있나니,
처음에는 소가疏家의 뜻이다.

---

184 안립과 법식인 줄 알아야 한다고 한 것은, 내야奈耶는 안립과 법식의 뜻이라는
     것이다.

통틀어 밝힌다고 말한 것은 말하자면 세계의 바다는 오직 과보(果)만을 잡아서 설한 것이요,

법계 안립의 바다는 원인(因)에도 통하고 과보(果)에도 통하는 것이니

인연을 갖춤을 인유하여 능히 법계를 안립하는 까닭이다.

두 번째는 현수가 말한 중생을 교화할 바 법이라고 한 것은 다시 이것은 한 가지 뜻이니 오직 중생을 교화할 바 법만을 취한 것이다.

또한 앞에 두 가지 바다라고 한 아래는 이것은 제 세 번째 뜻이니 중생의 바다와 세계의 바다를 안립하는 까닭이다.

앞에 두 가지라고 한 것은 곧 세계의 바다와 그리고 중생의 바다이다.

그 가운데 두 가지가 있나니

먼저는 바로 밝힌 것이요

뒤에 그러나 안립이라는 말이라고 한 아래는 범어의 문장을 인용하여 증거한 것이다.

이것은 이 현수가 뒤에 두 가지 뜻을 인용하여 증거한 것이니

법식은 곧 중생을 교화할 법이요

안립은 곧 제 세 번째 뜻이다.

그런 까닭으로 맺어 말하기를 안립과 법식이다 하였다.

疏

四에 佛海者는 能化主也니 如華藏品에 廣擧其名이요 亦如不思議等하니라

네 번째 부처님의 바다라고 한 것은 능히 중생을 교화하는 주인(主)[185]
이니,
화장세계품에 널리 그 이름을 거론한 것과 같고 또한 부사의품
등에 말한 것과도 같다.

鈔

四에 佛海는 指不思議等品者는 等取相海隨好니 皆佛德相用故며
是妙覺故니라

네 번째 부처님의 바다는 부사의품 등과 같다고 지시한 것은 상해품
과 수호품을 등취한 것이니,
다 부처님의 공덕상과 작용인[186] 까닭이며 이 묘각인 까닭이다.

疏

五에 波羅蜜海者는 化所成行이니 如離世間品하니라

다섯 번째 부처님 바라밀의 바다라고 한 것은 교화하여 성취케
할 바 행이니 이세간품과 같다.

---

185 원문에 화생化生은 화주化主가 좋다. 『잡화기』도 그렇게 말하였다.
186 부처님의 공덕상이란 상해품이고, 부처님의 작용이란 수호품이다.

五에 波羅蜜은 指離世間品者는 以二千行法이 ――皆到彼岸故니라

다섯 번째 바라밀의 바다는 이세간품과 같다고 지시한 것은 이천
가지 수행하는 법이[187] 낱낱이 다 피안에 이르게 하는 까닭이다.

疏

六에 佛解脫海者는 化所得果니 如法界品하니라

여섯 번째 부처님 해탈의 바다라고 한 것은 교화하여 얻게 할 바
과보이니 입법계품과 같다.

鈔

六에 如法界品者는 佛親證入이니 離障解脫과 及大作用이 皆解脫故
니라

여섯 번째 입법계품과 같다고 한 것은 부처님이 친히 증득하여
들어가게 하는 것이니,
장애를 떠난 해탈과 그리고 큰 작용이 다 해탈인 까닭이다.

---

187 이천 가지 수행하는 법이라고 한 것은 이백 가지 질문에 각각 열 가지가
있기에 이천 가지가 되는 것이다.

疏

七에 佛變化海者는 臨機神變으로 化難化衆生이라 卽身業化也니
如諸會의 不起而遍과 光明覺品의 長行身業과 阿僧祇等이 皆是
其文이라

일곱 번째 부처님 변화의 바다라고 한 것은 근기에 임하여 신통변화
로 교화하기 어려운 중생을 교화하는 것이다.
곧 신업身業으로 교화하는 것이니 모든 회에서 일어나지 않고 두루하
신 것과 광명각품의 장행長行에 신업身業과 아승지품 등과 같은
것이 다 그 문장이다.

鈔

七에 指僧祇者는 僧祇偈頌에 廣顯佛德의 重重無盡한 廣大用故라
等은 卽等於一經上下에 變化之文이라

일곱 번째 아승지품 등과 같다고 지시한 것은 아승지품의 게송에
부처님 공덕의 중중무진한 광대한 작용을 폭넓게 나타낸 까닭이다.
등等이라고 한 것은 곧 이 화엄일경의 상·하에 신통변화의 문장을
등취한 것이다.

疏

八에 佛演說海者는 稱根說法이라 語業化也니 如四諦品하니라 九
에 佛名號海는 隨機立稱이니 如名號品하니라 十에 佛壽量海者는
隨器所感하야 住世修短하나니 如壽量品하니라

여덟 번째 부처님 연설의 바다라고 한 것은 근기에 칭합하여 법을
연설하는 것이다.
어업으로 교화하는 것이니 사성제품과 같다.[188]
아홉 번째 부처님 명호의 바다라고 한 것은 근기를 따라 이름을
건립하는 것이니 여래명호품과 같다.[189]
열 번째 부처님 수명량量의 바다라고 한 것은 근기의 감득할 바를
따라서 세간에 머무름이 길기도 하고 짧기도 하나니 여래수량품과
같다.[190]

---

188 사성제품과 같다고 한 것은 사성제품에는 다만 혹명연설해或名演說海라고만
하였다.
189 여래명호품과 같다고 한 것은 동방세계는 금색金色세계이고, 부처님의 이름
은 부동지不動智 부처님이고, 동방세계는 묘색妙色세계이고, 부처님의 이름
은 무애지無礙智 부처님이라고 한 등등이니, 교림 화엄 1책, p.360에 있다.
190 여래수량품과 같다고 한 것은 여래수량품에 석가모니불찰의 일겁이 극락미
타불찰의 일일일야一日一夜이고 극락세계의 일겁이 가사당불찰의 일일일야
一日一夜 운운이라 한 것이다.

經

及一切菩薩誓願海와 一切菩薩發趣海와 一切菩薩助道海와
一切菩薩乘海와 一切菩薩行海와 一切菩薩出離海와 一切菩
薩神通海와 一切菩薩波羅蜜海와 一切菩薩地海와 一切菩薩
智海하나니

그리고 일체 보살 서원의 바다와

일체 보살 발취의 바다와

일체 보살 조도의 바다와

일체 보살 승乘의 바다와

일체 보살 행의 바다와

일체 보살 출리의 바다와

일체 보살 신통의 바다와

일체 보살 바라밀의 바다와

일체 보살 지위의 바다와

일체 보살 지혜의 바다를 설하시나니

疏

二에 及一切下는 問因德深廣이라 於中一은 創於生死에 立大誓
願이요 二는 勝進大心으로 趣求佛果요 三은 積集菩提와 福智資糧
이요 四는 運諸菩薩하야 從因至果요 五는 慈悲喜捨인 四菩薩行이

요 六은 謂永背業惑하고 證契眞理라 餘四可知니라

두 번째 그리고 일체 보살 서원의 바다라고 한 아래는 인덕의 깊고도 넓은 것을 질문한 것이다.

그 가운데 첫 번째는 생사를 시작하면서 큰 서원을 세운 것이요
두 번째는 승진하려는 큰마음으로 불과를 취구趣求하는 것이요
세 번째는 보리와 복덕과 지혜의 자량資糧을 쌓아 모으는 것이요
네 번째는 모든 보살을 실어 원인(因)으로 좇아 과보(果)에 이르게 하는 것이요
다섯 번째는 자·비·희·사인 사보살四菩薩의 행이요
여섯 번째는 말하자면 영원히 업혹을 등지고 진리에 증득하여 계합케 하는 것이다.
나머지 사구는 가히 알 수가 있을 것이다.

鈔

因德深廣下는 正釋經이라

인덕이 깊고도 넓다고 한 아래는 바로 경문을 해석한 것이다.

疏

然此十句가 有通有別하니 別則初二는 寄十信이요 次二는 十住요
次一은 十行이요 次一은 十向이니 以向出離故요 次三은 登地已上

이요 後一은 等覺이니 此는 約橫論一切菩薩이라

그러나 이 십구가 통通이 있고 별別이 있나니,
별別이라면 곧 처음에 두 구절은 십신을 의지한 것이요,
다음에 두 구절은 십주요,
다음에 한 구절은 십행이요,
다음에 한 구절은 십회향이니 출리出離[191]를 향하는 까닭이요,
다음에 세 구절은 십지에 오른 이상이요,
뒤에 한 구절은 등각이니
이것은 횡橫을 잡아 일체 보살을 논한 것이다.[192]

鈔

別則下는 釋別이라 先은 以竪釋別이니 諸位淺深故라 此는 約橫論
一切菩薩者는 結上別義니 約所行位인댄 信住等異는 卽是竪論이요
約能行人인댄 一一位中에 攝多菩薩일새 故云橫論一切菩薩이라하
니라

---

191 출리出離란, 생사를 벗어나는 것이니 곧 열반이다.
192 이것은 횡橫을 잡아 일체 보살을 논한 것이라고 한 것은, 『잡화기』에 말하기를
여기에 십구의 별인즉 수를 잡아 횡을 밝힌 것이니, 말하자면 행하는 바는
곧 수이고, 능히 행하는 것은 곧 횡이다. 뒤에 십구의 통인즉 횡을 잡아
수를 밝힌 것이니, 말하자면 법의 자체는 곧 횡이고, 수행하는 방식은 곧
수이다 하였다.

별別이라면 곧이라고 한 아래는 별別을 해석한 것이다.

먼저는 수竪로써 별別을 해석한 것이니 모든 지위가 얕고 깊은 까닭이다.

이것은 횡을 잡아 일체 보살을 논한 것이라고 한 것은 위에 별別의 뜻을 맺는 것이니,

소행所行의 지위를 잡는다면 십신과 십주 등이 다른 것은 곧 이것은 수竪로 논한 것이요

능행能行의 사람을 잡는다면 낱낱 지위 가운데 수많은 보살을 섭수하기에 그런 까닭으로 말하기를 횡으로 일체 보살을 논한 것이다 하였다.

疏

若約通說인댄 各通始終이니 卽竪論一切菩薩也니라

만약 통通을 잡아 설한다면 각각 시始·종終에 통하나니 곧 수竪로 일체 보살을 논한 것이다.

鈔

通約所行法인댄 位位同修는 卽是通義라 隨約一人인댄 遍歷諸位하야 皆修此十은 卽是竪論一切菩薩이라

통으로 소행의 법을 잡아 설한다면 지위 지위를 함께 닦는 것은

곧 이것은 통通의 뜻이다.
마땅함을 따라 능행의 한 사람을 잡아 설한다면 모든 지위를 두루
지나 다 이 열 가지를 닦는 것은 곧 이것은 수竪로 일체 보살을
논한 것이다.

疏

故此十句는 文通行位라 然皆普攝法界하야 深廣無邊일새 故云
海也라하니 並如下諸會說하니라

그런 까닭으로 이 십구는 경문이 수행과 지위에 통하는 것이다.
그러나 다 널리 법계를 섭수하여 깊고도 넓은 것이 끝이 없기에
그런 까닭으로 말하기를 바다라 하였으니,
아울러 아래 모든 회에서 설한 것과 같다.

鈔

通行位者는 三에 雙結也니 別說寄位요 通說約行故니라

수행과 지위에 통한다고 한 것은 세 번째 둘 다 맺는 것이니
별설은 지위를 의지한 것이요,
통설은 행을 잡은 까닭이다.

경經

願佛世尊은 亦爲我等하사 如是而說하소서

원컨대 부처님 세존께서는 또한 우리 등을 위하여 이와 같이 연설하
소서.

소疏

二에 願佛下는 結請이니 旣是引例일새 故致亦言이라

두 번째 원컨대 부처님 세존이라고 한 아래는 청함을 맺는 것이니,
이미 예를 인용하였기에 그런 까닭으로 또한(亦)이라는 말을 이루는
것이다.

소疏

此四十句의 答文在何고 問有通局일새 答亦如之니라

이 사십구의 답문答文은 그 뜻이 어디에 있는가.
질문이 통通과 국局이 있기에 답도 또한 그와 같이 통과 국이 있는
것이다.

疏

通卽諸會가 與此相應일새 皆是答此니 上所引者가 居然當之니라
謂前衆海가 旣是九會常隨인댄 豈得此問이 局於初會며 豈復衆
海問이 不盡耶아할새 故知初會爲總하고 九會同答此問이라 而爲
分意別일새 故諸分初에 皆重擧諸問하니 則顯分分之中에 皆通
因果等故라 則從此盡光明覺은 答十海問이요 問明已下는 答十
因問이요 不思議品下는 答二十句果니 至下當知니라

통답은 곧 모든 회가[193] 이 질문으로 더불어 상응하기에 다 이 질문을
답한 것이니,

위에서 인용한 바 질문이 거연히 여기에 해당하는 것이다.

말하자면 앞에 중해衆海가[194] 이미 이 구회九會의 상수중常隨衆이라면
어찌 여기에 질문이 초회初會에 국한함을 얻으며

어찌 다시 중해의 질문이 끝이 없는가 하기에 그런 까닭으로 초회에
서 한꺼번에 묻고 구회에서 이 질문을 함께 답한 것인 줄 알아야
할 것이다.

그러나 분分의 뜻이 다르기에[195] 그런 까닭으로 모든 분分의 처음에

---

193 모든 회라고 한 등은, 모든 회는 구회 전체이고, 이 질문은 초회에 보살의
서원이다.

194 앞에 중해衆海라고 한 것은 세주묘엄품 중해운집이다.

195 분分의 뜻이 다르다고 한 것은 거과권락생신분 등의 해解, 행行, 증證이
다르다는 것이다. 그러나 『잡화기』는 다만 해, 행, 증이 이것이다고만 말하
였다.

다 거듭 모든 질문을 거론하였나니,

곧 분分과 분分 가운데 다 원인과 과보 등에[196] 통함을 나타낸 까닭이다.

곧 이로 좇아 광명각품이 끝날 때까지는 십해十海의 질문을 답한 것이요

문명품 이하는 십인十因의 질문을 답한 것이요

불부사의품 이하는 이십구의 과보(果)를 답한 것이니

아래에 이르러 마땅히 알게 될 것이다.

鈔

疏正明通이니 謂九會通答이라 謂前衆海下는 立理라 此有三理하니 一은 衆海常隨가 旣通九會인댄 問答合通하며 智深能問盡故며 合總問故라 以此三理로 問答合通이라 而爲分下는 釋妨이니 謂前問言호대 若言衆海問이 盡九會하고 九會同答인댄 何以下文에 復有三位大問고할새 故爲此通하니라 則顯分分之中에 皆通因果者는 謂問雖互有廣略이나 因果皆足이니 則是重問耳니라 四에 則從此盡光明下는 正示答文이라

소문에서는 바로 통답함을 밝혔으니 말하자면 구회九會에서 통답한 것이다.

말하자면 앞에 중해라고 한 아래는 이치를 세운 것이다.

---

196 원인과 과보 등이라고 한 것은 염染·정淨과 의依·정正 등이다.

여기에 세 가지 이치가 있나니

첫 번째는 중해의 상수중常隨衆이 이미 구회에 통한다면 질문과 답이 합하여 통하며

지혜가 깊어[197] 능히 질문을 다하는 까닭이며

합하여 한꺼번에 물은(總問)[198] 까닭이다.

이 세 가지 이치로써 질문과 답이 합하여 통하는 것이다.[199]

그러나 분分의 뜻이 다르다고 한 아래는 방해함을 통석한 것이니, 말하자면 앞에서 물어[200] 말하기를 만약 중해衆海의 질문이 구회九會에서 끝나고 구회에서 함께 답한 것이라고 말한다면 어찌 하문下文에 다시 삼위三位에서 크게 질문한 것이[201] 있는가 하기에 그런 까닭으로 이 통석을 한 것이다.

곧 분과 분 가운데 다 원인과 과보 등에 통함을 나타내었다고 한 것은 말하자면 질문이 비록 서로 광·약이 있지만 원인과 과보를 다 구족하였나니 곧 이것이 거듭 질문한 것이다.

---

197 지혜가 깊어 운운한 것은 소문에 '어찌 다시 중해가'라고 한 아래이니 중해가 지혜가 깊어서 능히 질문을 다한다는 것이다.

198 합하여 한꺼번에 물었다고 한 것은 소문에 '그런 까닭으로 초회에서'라고 한 아래이다.

199 이 세 가지 이치로써 질문과 답이 합하여 통한다고 한 것은 구회에서 이 질문을 함께 답한 것이다. 『잡화기』도 여기 뜻과 다름이 없다.

200 원문에 전문前問이라고 한 전前 자를 유有 자로 보아 어떤 사람이라 번역하기도 하지만 전前 자로 보아도 무방하다. 『잡화기』는 유有 자라 하였다.

201 삼위三位에서 크게 질문한 것이라고 한 것은 一, 二, 八, 九의 사회四會에서 크게 질문하였지만 일회一會는 금회今會라 제외한다.

네 번째 곧 이로 좇아 광명각품이 끝날 때까지라고 한 아래는 바로 답한 글을 보인 것이다.

疏

又就四十問에 十海爲總하고 九會同答十海인댄 一에 世界成就品은 答世界安立海요 二에 華藏品은 答世界海요 遮那는 但引因釋成이요 現相三昧는 但是說法由致일새 並非別答海問이라 三에 名號品은 答如來名號海요 四에 四諦品은 答演說海요 五에 光明覺으로 至十忍品은 別答十句因問하고 通答衆生海하니 修因之人이 卽所化生故라 六에 阿僧祇品은 答變化海니 長行擧數하야 欲顯化用의 難量故요 偈中엔 廣明變化重重하고 微細難說이라 七에 壽量住處는 皆答壽量海요 八不思議等五品은 別答二十句果問하고 總明佛海하니 就德深廣하야 以顯佛故라 九에 第八會는 答波羅蜜海니 總攝諸位하야 皆成行故라 十에 第九會는 答解脫海니 證入法界하야 起大用故라

또 사십 가지 질문에 십해十海가 총문總問이 되고[202] 구회九會가 십해를 함께 답함에 나아간다면 첫 번째 세계성취품은 세계 안립의 바다를 답한 것이요
두 번째 화장세계품은 세계의 바다를 답한 것이요

---

[202] 십해十海가 총문總問이 된다고 한 것은 십해 가운데 다 염정染淨과 인과因果와 의정依正 등의 법을 갖추고 있는 까닭이다. 역시 『잡화기』의 말이다.

비로자나품은 다만 원인을 이끌어 석성하였을 뿐이고, 여래현상품과 삼매품은 다만 이 설법하는 이유를 이루는 것일 뿐이기에 아울러 따로 십해의 물음에 답하지 않는 것이다.

세 번째 명호품은 여래 명호의 바다를 답한 것이요

네 번째 사성제품은 연설의 바다를 답한 것이요

다섯 번째 광명각품으로 십인품에 이르기까지는 따로 십구의 인문因問에 답하고 한꺼번에 중생의 바다에 답한 것이니

원인(因)을 닦는 사람이 곧 중생을 교화할 바 사람인 까닭이다.

여섯 번째 아승지품은 변화의 바다를 답한 것이니

장행長行에서는 수數를 들어 변화하는 작용이 사량하기 어려움을 나타내고자 한 까닭이요

게송 가운데는 변화가 중중하고 미세하여 설하기 어려움을 폭넓게 밝혔다.

일곱 번째 여래수량품과 보살주처품은 다 수량壽量의 바다를 답한 것이요

여덟 번째 불부사의품 등 다섯 품은 따로 이십구의 과문果問을 답하고[203] 한꺼번에 부처의 바다를 밝힌 것이니,

공덕이 깊고도 넓음에 나아가 부처를 나타낸 까닭이다.

---

203 불부사의품 등 다섯 품은 따로 이십구의 과문果問을 답한다고 한 등은, 보현행품은 곧 비록 인因이나 이미 평등인이라 하였다면 인은 이 과인果因이다. 그런 까닭으로 또한 이것은 과문果問을 답한 것이다. 하물며 원인을 사무친 과보라사 바야흐로 원만한 과果가 되는 것이겠는가. 역시 『잡화기』의 말이다.

아홉 번째 제팔회는 바라밀의 바다를 답한 것이니

모든 지위를 다 섭수하여 행을 이루는 까닭이다.

열 번째 제구회는 해탈의 바다를 답한 것이니

법계에 증득하여 들어가 큰 작용을 일으키는 까닭이다.

鈔

又就四十問下는 二에 約總別釋이라 十海爲總이요 餘三十句別이니
皆十海攝일새 故로 總答十海하면 已答餘三十問이라 於中二니 先은
正以九會로 答於十海라

또 사십 가지 질문에 십해가 총문이 되고 구회가 십해를 함께 답함에

나아간다고 한 아래는 두 번째 總과 別을 잡아 해석한 것이다.

십해는 총문이 되고 나머지 삼십 구절은 별문別問이 되는 것이니,

다 십해가 섭수하기에 그런 까닭으로 십해를 한꺼번에 답하면 이미

나머지 삼십 구절의 별문을 답한 것이다.

그 가운데 두 가지가 있나니

먼저는 바로 구회九會로써 십해에 답한 것이다.

疏

問中爲次가 與答異者는 問約本有修成과 自行化他하야 而爲次
第니 謂先有世界衆生일새 則有佛出하야 修因得果라 故로 波羅蜜

海는 是因이요 解脫은 是果요 餘四는 皆大用이니 謂臨機變化하야
隨宜說法하며 稱物立名하며 隨物修短이라 答中에 先人後己일새
故로 大用四海가 居先하고 自利因果二海가 居後라 又衆生一海는
亦可通在九海니 皆爲生故며 種種隨宜는 顯生多故니라

질문 가운데 차례가 답으로 더불어 다른 것은 질문은 본유와 수성[204]
과 자행自行과 화타化他를 잡아 차례를 삼았나니,
말하자면 먼저 세계에 중생이 있기에 곧 부처님이 출현하여 원인(因)
을 닦고 과보(果)를 얻는 것이 있는 것이다.
그런 까닭으로 바라밀의 바다는 이 원인이요,
해탈의 바다는 이 과보요,
나머지 네 가지 바다는 다 큰 작용이니,
말하자면 근기에 임하여 변화하여 마땅함을 따라 설법하며 중생에게
맞게 이름을 세우며 중생을 따라 길고 짧게 하는 것이다.
답 가운데는 다른 사람을 먼저 하고 자기를 뒤에 하기에 그런 까닭으
로 큰 작용의 나머지 네 가지 바다가 먼저 거처하고, 자리自利의
인·과 두 바다가 뒤에 거처하는 것이다.
또 중생의 한 바다는 또한 가히 아홉 바다에 통하여 있나니 다
중생을 위한 까닭이며
가지가지로 마땅함을 따르는 것은 중생이 많음을 나타내는 까닭
이다.

---

204 본유本有는 본유불성本有佛性이고, 수성修成은 수성불성修成佛性이다. 『잡화
기』에는 본유는 오히려 선유先有라 말한 것이다 하였다.

鈔

後問中爲次下는 以答對問하야 辭次不同이라 問中에 言先有世界衆生者는 卽標中에 本有三海니 世界는 卽世界海며 及攝安立海故라 次에 則有佛出修因得果等者는 卽標中修成이니 卽自行意요 餘四皆大用臨機等은 卽標中化他也라 先人後己下는 先利他故니 大用四海는 卽先利他라 言四海者는 一은 名號海요 二는 演說海요 三은 變化海요 四는 壽量海라 言自利二海居後者는 卽波羅蜜海는 爲因이요 佛解脫海는 爲果니 八九兩會에 答故居後라하니라 此中唯會六海하고 不會四海者는 以世界海와 及安立海는 依問在前故요 佛及衆生은 本居中故라 更以異門으로 釋衆生海리니 上欲具收十問일새 故로 以答因으로 屬衆生海어니와 今以衆生으로 爲總일새 卽前答因으로 屬演說海하니 說諸位故라 上來通竟이라

뒤에 질문 가운데 차례가 답으로 더불어 다르다고 한 아래는 답으로써 질문을 상대하여 차례가 같지 아니함을 분별한 것이다.

질문 가운데 먼저 세계에 중생이 있다고 말한 것은 곧 총표(標) 가운데 본유本有의 세 가지 바다[205]이니

세계는 곧 세계의 바다이며, 그리고 안립의 바다를 섭수하는 까닭이다.

다음에 곧 부처님이 출현하여 원인을 닦고 과보를 얻는 것이 있다고 한 등은 곧 총표(標) 가운데 수성修成이니 곧 자리自利의 뜻이요

---

205 세 가지 바다는 세계해, 중생해, 법계안립해이다.

나머지 네 가지 바다는 다 큰 작용이니 말하자면 근기에 임하여 변화한다고 한 등은 곧 총표(標) 가운데 화타化他이다.

다른 사람을 먼저 하고 자기를 뒤에 한다고 한 아래는 이타利他를 먼저 하는 까닭이니
큰 작용의 네 가지 바다라고 한 것은 곧 이타를 먼저 한 것이다.
네 가지 바다라고 말한 것은 첫 번째는 명호의 바다요,
두 번째는 연설[206]의 바다요,
세 번째는 변화의 바다요,
네 번째는 수량의 바다이다.
자리의 두 가지 바다가[207] 뒤에 거처한다고 말한 것은 곧 바라밀의 바다는 원인이 되고, 부처님 해탈의 바다는 과보가 되는 것이니 팔회와 구회의 두 회에서 답한 까닭으로 뒤에 거처한다[208] 하였다.

이 가운데 오직 여섯 가지 바다만 회통하고 네 가지 바다를 회통하지 아니한 것은 세계의 바다[209]와 그리고 안립의 바다는 질문을 의지함에

---

206 두 번째 사제四諦는 연설의 잘못이다. 『잡화기』도 이와 같이 말하고 있다. 경문(영인본 화엄 3책, p.435)에는 사제해가 없다.
207 자리의 두 가지 바다라고 한 것은, 소문에는 자리의 인·과 두 바다라 하여 인·과라는 두 글자가 더 있다.
208 뒤에 거처한다고 한 것은 질문 가운데는 五·六會나 답한 가운데는 八·九會인 까닭으로 뒤에 거처한다 한 것이다.
209 세계의 바다 운운한 것은, 세계의 바다는 첫 번째이고, 안립의 바다는 제 세 번째이고, 부처님의 바다는 제 네 번째이고, 중생의 바다는 제 두 번째이다.

앞에 있는 까닭이요

부처님의 바다와 중생의 바다는 본래 중간에 거처하는²¹⁰ 까닭이다.

다시 다른 문으로써 중생의 바다를 해석하리니

이 위에서는 열 가지 바다에 대한 질문을 갖추어 거두고자 하였기에 그런 까닭으로 원인을 답한 것으로써 중생의 바다에 배속하였거니와, 지금에는 중생으로써 총總을 삼기에 곧 앞에 원인을 답한 것으로 연설의 바다에 배속하였나니 모든 지위를 설한 까닭이다.

상래에 통설은 마친다.

若約局言인댄 當會答盡이라 此復有二하니 一은 現相答이니 下文當示리라 二者는 言說答이니 此亦有二라 一은 經來未盡이요 二는 答二兼餘니 成就品에 當引하리라

만약 국한함(局)을 잡아²¹¹ 말한다면 당회當會에서 답하여 마쳤을

---

210 부처님의 바다와 중생의 바다는 본래 중간에 거처한다고 한 것은, 이것은 또한 억지로 회통한 말이니, 질문 가운데 이미 본래 있는 까닭으로 중생이 반드시 제 두 번째에 해당하거늘, 지금 답 가운데는 도리어 첫 번째 명호의 바다와 두 번째 연설의 바다 뒤에 거처하는 까닭이다. 역시 『잡화기』의 말이다. 부연하면 중간에 거처한다는 말도 옳지 않다. 왜냐하면 부처님의 바다는 제 네 번째 있으니 옳지만 중생의 바다는 제 두 번째 있으니 중간이 아니다.

것이다.

여기에 다시 두 가지가 있나니

첫 번째는 현상現相으로 답한 것이니 하문下文[212]에서 마땅히 보이 겠다.

두 번째는 언설로 답한 것이니

여기에 또한 두 가지가 있다.

첫 번째는 경이 전래하는 과정에서 아직 다 전래하지 못한 것이요 두 번째는 두 가지 바다를 답하고 나머지도 겸하여 답하였나니, 세계성취품에서 마땅히 인용하겠다.

鈔

若約局言下는 第二에 釋局答問이라 經來未盡者는 遮那品後에 無結 束故니 若來인댄 應具答盡이리라 二는 答二兼餘者는 謂正答安立과 及世界하고 兼餘三十八問故니라

만약 국한함(局)을 잡아 말한다고 한 아래는 제 두 번째 국한하여 질문에 답한 것을 해석한 것이다.

경이 전래하는 과정에서 아직 다 전래하지 못한 것이라고 한 것은 비로자나품 뒤에 결속結束이 없는 까닭이니,

---

211 국한함(局)을 잡았다고 한 것은 영인본 화엄 3책, p.441, 7행에 질문이 통·국이 있으니 답도 그와 같이 통·국이 있다 하였다.

212 하문下文은 이 현상품 등이다.

만약 다 전래하였다면 응당 갖추어 답하여 마쳤을 것이다.

두 번째는 두 가지 바다[213]를 답하고 나머지도 겸하여 답하였다고 한 것은 말하자면 바로 안립의 바다와 그리고 세계의 바다를 답하고 나머지 서른여덟 구절의 질문도 겸하여 답한 까닭이다.

---

213 두 가지 바다는 안립의 바다와 세계의 바다이다.

經

爾時에 諸菩薩威神力故로 於一切供養具雲中에 自然出音하야
而說頌言호대

그때에 모든 보살의 위신력인 까닭으로 일체 공양구의 구름 가운데
서 자연스레 음성이 나와 게송을 설하여 말하기를

疏

第二에 爾時下는 供聲偈請이라 於中分二리니 先明因緣이요 後正
說偈라 今初니 前請在念이니 佛雖已知어니와 今請彰言하야 使大
衆同曉니 前旣爲法하야 興供일새 今乃以供으로 宣心이라 不因撫
擊일새 故曰自然이요 非無因緣일새 卽菩薩威力이니 同異生衆이
皆菩薩也니라 又表身口가 爲供具故며 供具가 皆卽法界體故니라

제 두 번째 그때라고 한 아래는 공양구에서 음성이 나와 게송으로
청하는 것이다.
그 가운데 두 가지로 분류하리니
먼저는 인연을 밝힌 것이요
뒤에는 바로 게송을 설한 것이다.
지금은 처음으로 앞에서 청한 것은 염청念請에 있나니 부처님만이
비록 이미 알았거니와, 지금에 청한 것은 말을 나타내어 대중으로
하여금 다 알게 함에 있나니,

앞에서 이미 법을 위하여 공양구름을 일으켰기에 지금에 이에 공양
구름으로써 마음을 선설하는 것이다.

어루만지거나 목격함을 인연하지 않기에 그런 까닭으로 말하기를
자연이라 하고

인연이 없지 않기에 곧 보살의 위신력이라 하나니

동생대중(同生衆)과 이생대중(異生衆)이 다 보살이다.

또 몸과 입이 공양구가 됨을 표한 까닭이며[214] 공양구가 다 곧 법계의
자체임을 표한 까닭이다.

鈔

亦表身口爲供養具者는 卽解脫和尙이 歎佛說偈云호대 合掌以爲
華요 身爲供養具며 善心誠實香이요 讚歎香煙布라 諸佛聞此香하고
尋聲來相度하시니 衆等勤精進하야 終不相疑誤어다하니라

또 몸과 입이 공양구가 됨을 표한 것이라고 한 것은 곧 해탈화상이
부처님을 찬탄하고 게송을 설하여 말하기를[215]

---

214 또 몸과 입이 공양구가 됨을 표한 까닭이라 한 등은, 이 위에는 곧 사실을
　　잡아 해석한 것이고 여기는 곧 법을 잡아 해석한 것이다. 바로 아래 공양구가
　　다 곧 법계라고 한 등은 다시 이 한 가지 뜻이니, 그 뜻에 말하기를 반드시
　　법만 표한 것이 아니라 저 공양구 등이 낱낱이 이 법계의 자체이니 곧
　　법계의 안에 법여서 그렇게(자연스레) 항상 음성이 나오는 것이다. 이상은
　　다 『잡화기』의 말이다. 표表 자는 양용兩用이니 구고具故와 체고體故에서
　　다 번역할 것이다.

합장은 꽃이 되고,
몸은 공양구가 되며,
선심과 성실은 향이 되고,
찬탄은 향 연기의 피어남이 되는 것이다.

모든 부처님이 이 향기를 맡고
소리를 찾아와 서로 제도하시나니,
대중들은 부지런히 정진하여
마침내 서로를 의심하거나 그르치지 말 것이다 하였다.

---

215 해탈화상 운운한 것은 황자권荒字卷 26장에 해탈화상이 분향할 때에 공중에서
   소리가 나와 이 게송을 설했다고 하였다. 해탈화상은 해탈보살이다. 그러나
   『잡화기』는 공중에서 음성이 나와 이 게송을 설했다 하였거늘, 지금에는
   화상이 스스로 설했다 말하니 가히 기준할 수 없다 하였다.

經

無量劫中修行滿하야　　菩提樹下成正覺하시며

爲度衆生普現身하사대　　如雲充遍盡未來케하시니라

衆生有疑皆使斷케하시고　廣大信解悉令發케하시며

無邊際苦普使除케하시고　諸佛安樂咸令證케하시니라

한량없는 세월 가운데 수행이 만족하여

보리수나무 아래서 정각을 성취하시며

중생을 제도하기 위하여 널리 몸을 나타내시되

구름과 같이 미래세가 다하도록 충만하여 두루하게 하십니다.

중생이 의심 있으면 다 하여금 끊게 하시고

광대한 믿음과 지해를 다 하여금 일으키게 하시며

끝없는 고통을 널리 하여금 제멸하게 하시고

모든 부처님의 안락을 다 하여금 증득케 하십니다.

疏

二는 正說偈라 於中十頌을 分二리니 初三은 歎德請이요 後七은

擧法請이라 前中亦二니 初二는 歎佛이니 明具說因이요 後一은

歎衆이니 明具說緣이라 今初也니 前偈는 卽悲之智가 已滿하야

爲物現身이요 後偈는 卽智之悲가 已圓하야 能斷疑除苦니 有悲必
普하고 有智必能일새 故應說也니라

두 번째는 바로 게송을 설한 것이다.
그 가운데 열 가지 게송을 두 가지로 분류하리니
처음에 세 가지 게송은 부처님의 공덕을 찬탄하여 청한 것이요
뒤에 일곱 가지 게송은 법을 들어 청한 것이다.
앞에 부처님의 공덕을 찬탄하여 청한 가운데도 또한 두 가지가
있나니
처음에 두 게송은 부처님을 찬탄한 것이니 원인(因)을 갖추어 설함을
밝힌 것이요
뒤에 한 게송은 대중[216]을 찬탄한 것이니 조연(緣)을 갖추어 설함을
밝힌 것이다.
지금은 처음으로 앞에 게송[217]은 자비에 즉한 지혜가 이미 원만하여
중생을 위하여 몸을 나타낸 것이요
뒤에 게송[218]은 지혜에 즉한 자비가 이미 원만하여 능히 의심을
끊고 고통을 제멸하나니
자비가 있으면 반드시 널리 나타내고, 지혜가 있으면 반드시 능히
제멸하기에 그런 까닭으로 응당 설하는 것이다.

---

216 대중이란, 보살대중이다.
217 앞에 게송이란, 제일게第一偈이다.
218 뒤에 게송이란, 제이게第二偈이다.

經

菩薩無數等刹塵이나 俱來此會同瞻仰하나니
願隨其意所應受하야 演說妙法除疑惑케하소서

보살은 수가 없어 국토 티끌 수 같지만
함께 이 회상에 와서 같이 보고 우러르니
원컨대 그들의 뜻에 응당 감수할 바를 따라서
묘법을 연설하여 의혹을 제멸하게 하소서.

疏

後一은 歎衆請이라 於中에 前半은 歎衆이니 顯無異念이요 後半은
結請이니 明說則斷疑라

뒤에 한 게송은 대중을 찬탄하여 청하는 것이다.
그 가운데 앞에 반 게송은 대중을 찬탄하는 것이니 다른 생각이
없음을 나타내는 것이요
뒤에 반 게송은 청함을 맺는 것이니 설하여 곧 의혹을 끊게 함을
밝힌 것이다.

經

云何了知諸佛地며　　云何觀察如來境이며
佛所加持無有邊이닛가　顯示此法令淸淨케하소서

云何是佛所行處에　　而以智慧能明入이며
佛力淸淨廣無邊이닛가　爲諸菩薩應開示하소서

云何廣大諸三昧며　　云何淨治無畏法이며
神通力用不可量이닛가　願隨衆生心樂說하소서

諸佛法王如世主하시니　所行自在無能制와
及餘一切廣大法을　　爲利益故當開演하소서

어떤 것이 모든 부처님의 지위를 요달하여 아는 것이며
어떤 것이 여래의 경계를 관찰하는 것이며
부처님의 가지加持하는 바가 끝이 없는 것입니까.
이 법을 현시[219]하여 하여금 청정케 하소서.

어떤 것이 이 부처님의 행하신 바 처소에
지혜로써 능히 밝게 들어가는 것이며
부처님의 힘이 청정하고 광대하여 끝이 없는 것입니까.

---

[219] 현顯 자는 다른 본에는 원願 자이다.

모든 보살을 위하여 응당 열어 보이소서.

어떤 것이 광대한 모든 부처님의 삼매이며
어떤 것이 두려워하는 바가 없는 법을 청정하게 닦는 것이며
신통력의 작용이 가히 헤아릴 수 없는 것입니까.
원컨대 중생의 마음에 즐거워함을 따라 연설하소서.

모든 부처님 법왕은 세간의 주인과 같으시니
소행이 자재한 것과 능히 제복할 수 없는 것과[220]
그리고 나머지 일체 광대한 법을
이익케 하기 위한 까닭으로 마땅히 열어 연설하소서.

疏

擧法請이라 於中分三이니 初四는 述前初十句問이니 小有不次는
但取文便이라 及餘一切廣大法者는 結例所餘니 謂十句外에 佛
無邊德을 亦願說之니라 不思議品에 廣說餘門과 諸說果處가 皆
答此也니라

---

220 자재는 운하시제불자재云何是諸佛自在이니 영인본 화엄 3책, p.425, 2행에
있다.
능히 제복할 수 없다고 한 것은 운하시제불무능섭취云何是諸佛無能攝取이니
그 소문에서 게송에 이름은 무능제복無能制伏이라 하였다. 영인본 화엄
3책, p.427, 8행에 있다.

법을 들어 청하는 것이다.

그 가운데 세 가지로 분류하리니

처음에 네 가지 게송은 앞에 처음 열 구절의 질문[221]을 진술한 것이니,
조금 차례로 되지 아니함이 있는[222] 것은 다만 경문의 편리함을
취하였을 뿐이다.[223]

그리고 나머지 일체 광대한 법이라고 한 것은 남은 바 법도 맺어
비례한 것이니,

말하자면 열 구절[224]의 질문 밖에 부처님의 끝없는 공덕을 또한
설하기를 원한 것이다.

부사의품에[225] 나머지 법문을 폭넓게 설한 것과 모든 과보(果)를

---

221 처음 열 구절의 질문이란 운하시제불지云何是諸佛地 등 열 구절이니 영인본
　　화엄 3책, p.401, 4행 이하이다.

222 조금 차례로 되지 아니함이 있다고 한 것은 제 여섯 번째 질문과 제 일곱
　　번째 질문의 차례가 바뀌었기 때문이다.

223 다만 경문의 편리함을 취하였을 뿐이라고 한 것은, 설사 제 일곱 번째
　　모든 부처님의 삼매와 제 여섯 번째 모든 부처님의 두려움이 없는 것을
　　차례를 의지하여 게송을 설할지라도 경문이 편리하지 못한 바가 있나니,
　　이러한즉 지금에 경문의 편리함이라고 말한 것은 다만 혹 먼저 설하고
　　뒤에 설함에 서로 방애妨碍함을 말한 것이 아니다.

　　혹은 말하기를 삼매(第七)에 들어간 연후에사 바야흐로 능히 두려움(第六)이
　　없는 까닭으로 먼저 삼매를 설하고 뒤에 두려움이 없음을 설하는 것이
　　경문의 편리함이 된다 하였다. 이상은 다 『잡화기』의 말이다.

224 열 구절을 이십 구절이라 한 것은 잘못이다.

설한 곳이 다 이 질문[226]을 답한 것이다.

---

225 부사의품 운운한 것은 영인본 화엄 3책, p.430, 9행 소문과 p.431, 1행 초문에 이미 거론하였다.

226 이 질문이라고 한 것은 나머지 일체 광대한 법문에 대한 질문이다.

經

佛眼云何無有量이며 耳鼻舌身亦復然이며
意無有量復云何닛가 願示能知此方便하소서

부처님의 눈이 어떻게 한량이 없으며
귀·코·혀·몸도 또한 다시 어떻게 그러하며
뜻이 한량이 없는 것은 다시 어떠합니까.
원컨대 능히 이것을 아는 방편을 열어 보이소서.

疏

次一頌은 述前體相顯著十句니 略示可知니라

다음에 한 게송은 앞에 체상體相이 현저顯著함을²²⁷ 질문한 열 구절을
진술한 것이니,
간략하게 열어 보인 것은 가히 알 수가 있을 것이다.

---

227 앞에 체상體相이 현저顯著라고 한 것은 영인본 화엄 3책, p.430, 7행에
있다.

經

如諸刹海衆生海와　　法界所有安立海와
及諸佛海亦無邊하나니 願爲佛子咸開暢하소서

永出思議衆度海와　　普入解脫方便海와
所有一切法門海를　　此道場中願宣說하소서

저 모든 국토 바다와 중생의 바다와
법계가 소유한 안립의 바다와
그리고 모든 부처님의 바다가 끝이 없나니
원컨대 불자를 위하여 다 열어 펼치소서.

영원히 사의를 벗어난 많은 바라밀의 바다와
널리 해탈에 들어가는 방편의 바다와
소유하신 일체 법문의 바다를
이 도량 가운데서 원컨대 선설하소서.

疏

後二頌은 述化用普周十句之問이니 現文唯七이나 以佛海中에
舍於神變과 壽量名號니 以此三海가 不離佛故니라 不問因者는
長行엔 名通諸會일새 故列因疑어니와 今엔 彰初分請을 當會答이
라 又顯此會는 因略果廣하며 第二會는 果略因廣故니라

뒤에 두 가지 게송은 교화의 작용이 널리 두루한 열 구절의 질문을[228] 진술한 것이니,

경문에 나타난 것은 오직 일곱 구절뿐이지만 부처님의 바다 가운데 신통 변화의 바다와 수량의 바다와 명호의 바다를 포함하였나니 이 세 가지 바다가 부처님의 바다를 떠나지 않는 까닭이다.

원인을 묻지 아니한 것은 장행에서는 모든 회에 통답함을 밝혔기에 그런 까닭으로 원인에 대한 의문을 열거하였거니와, 지금 게송에서는 초분初分[229]에서 청한 것을 당회에서 답함을 밝히기 때문이다. 또 이 일회는 원인을 약설하고 과보를 광설하며, 제이회는[230] 과보를 약설하고 원인을 광설함을 나타내는 까닭이다.

---

228 원문에 화용보주십구지문化用普周十句之問이란 영인본 화엄 3책, p.435, 7행 과 소문은 p.436, 1행에 있다.

229 초분初分은 거과권락생신분이다. 초분에서 청한 것을 당회에서 답한다고 한 것은 그 뜻이 원인을 묻지 않는다는 것이다.

230 제이회라고 한 등은, 저 제이회의 인·과가 다 각각 삼품인즉 인·과가 똑같은 듯하나 그러나 인에 대한 경문이 더 넓은 까닭이다. 그러나 이것은 답한 바를 의거하여 설한 까닭이요, 전래에 말한 바 처음에 두 회(일회와 이회)가 다 과에 대한 경문이 넓고 인에 대한 경문이 생략(엄격히는 일회는 因略果廣, 이회는 果略因廣이다)되었다고 한 것은 물은 바에 나아가 말한 것이라고 『잡화기』는 말한다. 인과가 다 각각 삼품이라고 말한 『잡화기』는 제이회의 육품 가운데 앞에 여래 명호, 사성제, 광명각품의 삼품은 果(소신정보과所信正報果)이고, 뒤에 보살문명, 정행, 현수품의 삼품은 因(십신법인十信法因)이다.

經

爾時世尊이 知諸菩薩心之所念하시고

그때에 세존이 모든 보살의 마음에 생각하는 바를 아시고

疏

第二에 爾時世尊下는 明光召有緣分이라 長分爲十하리니 一은 放
光意니 以領念故라 供聲易了일새 故略不明이라 念但疑法거늘 何
以放光고할새 現相答故니라 答相云何고 謂佛三昧와 力加持放光
하야 令菩薩來하야 遠遠能爲니 此卽佛地境界며 是佛所行이며 無
攝無畏故라 此爲總意니라 若別別明者인댄 如文思之니라 又召來
菩薩은 亦是言答上之十問이니 至文當知리라

제 두 번째 그때에 세존이라고 한 아래는 광명으로 유연有緣[231] 대중을
소집召集함을 밝힌 분分이다.
길게 나누어[232] 열 가지로 하리니
첫 번째는 방광放光의 뜻이니 생각하는 것을 아는 까닭이다.
공양구에서 나는 소리는[233] 쉽게 알 수 있기에 그런 까닭으로 생략하

---

231 원문에 유연분有緣分이라고 한 것은, 유연有緣은 유연대중(인연 있는 대중)이
　　다. 분分 자는 필요 없는 글자라 하기도 한다.
232 원문에 장분長分이라 한 장長 자는 장행長行이라 번역하면 안 된다. 게송이
　　제십第十이기 때문이다.

고 밝히지 아니하였다.

생각한다는 것은 다만 법을 의심할 뿐이거늘 무슨 까닭으로 방광을 하는가 하기에 모습(相)[234]을 나타내어 답한 까닭이다.

모습을 나타내어 답한 것이 어떤 것인가.

말하자면 부처님의 삼매와 힘(力)과 가지加持로[235] 광명을 놓아 보살로 하여금 와서 멀고 먼 데까지 능히 작위作爲하게 하는 것이니[236] 이것이 곧 부처님의 지위이며 경계이며, 이것이 부처님의 소행이며, 섭취할 수 없는 것이며, 두려워하는 바가 없는 것인 까닭이다.

이것은 총의總意가 되는 것이다.

만약 따로따로 밝힌다면 경문과 같이 생각할 것이다.[237]

또 보살을 소집하여 오게 한 것은 역시 언설로 위에 열 가지 질문을 답한[238] 것이니,

---

233 공양구에서 나는 소리란, 뒤에 게송에 광명光明이 대중 앞에 게송을 설한다는 등이다.

234 모습(相)이란, 광명의 모습이다.

235 삼매와 힘(力)과 가지加持라고 한 것은 위의 열 가지 질문 가운데 세 가지이다.

236 『잡화기』에는 멀고 먼 데까지 능히 작위한다고 한 것은, 말하자면 멀고 먼 지방까지 능히 작위하는 바가 있다는 것이다. 이 가운데 부처님의 신통과 자재를 배속한 것이 없는 것은 제 열 번째 무능섭취 가운데 이 두 가지를 다 섭수하는 까닭이다. 혹은 가히 멀고 먼 데까지 작위하는 것이 이 신통과 자재라 할 것이다 하였다.

237 경문과 같이 생각할 것이라고 한 것은, 저 광명 가운데 이 화장장엄세계를 본다고 한 것은 세계의 바다에 답한 것이니 영인본 화엄 3책, p.455, 1행에 있다. 그 광명이 보살대중 앞에서 게송을 설하여 말한다고 한 것은 언설의 바다에 답한 등이니 영인본 화엄 3책, p.455, 4행 이하이다.

경문에 이르러 마땅히 알게 될 것이다.

鈔

若別別明者인댄 如文思之者는 若此之類인댄 顯義無方이니 類例相
似를 卽可引證耳니라

만약 따로따로 밝힌다면 경문과 같이 생각할 것이라고 한 것은
만약 이 뜻의 유형(義類)이라면[239] 뜻의 유형이 방소가 없음을 나타낸
것이니,
그 뜻의 유형의 예例가 상사相似함을 곧 가히 이끌어 증거하였을
뿐이다.

---

238 원문에 언설답言說畣이란, 앞에서는 현상답現相畣이라 하였다. 어느 경문
가운데를 따라 말할지라도 그 뜻의 유형이 서로 합당하면 다 가히 인용하여
증거하는 것이다. 이상은 다 『잡화기』의 말이나, 내가 페이지 숫자를 찾아
넣었다.
239 만약 이 뜻의 유형(義類)이라고 한 것은 현 세계와 현 중생의 뜻의 유형이
십과十果로 더불어 상사함을 지시한 것이다. 혹은 말하기를 만약 이 뜻의
유형이라고 한 것은 도리어 경문과 같이 생각할 것이라 한 말을 가리킨
것이다 하였다. 다 『잡화기』의 말이다.

經

即於面門의 衆齒之間에

곧 면문面門의 수많은 치아 사이에

疏

二에 即於下는 明光依處니 面門即口라 言衆齒者는 表四十問이니
教道遐舒하야 口生眞子하며 咀法滋味하야 益法身故니라 總處放
者는 此會總故니라

두 번째 곧 면문이라고 한 아래는 광명의 의지처를 밝힌 것이니
면문面門은 곧 입(口)이다.
수많은 치아라고 말한 것은 사십 가지 질문을 표한 것이니,
교도教道240를 멀리까지 펴 입에서 참 자식을 출생하며 진리의 자미滋
味를 씹어 법신을 이익케 하는 까닭이다.
총처總處241에서 광명을 놓은 것은 이 회會가 총회總會인 까닭이다.

---

240 교도教道는 이도二道의 하나이니, 이도二道는 교도教道와 증도證道이다. 교지
教智의 광명인즉 곧 아래 치아 사이에서 나온 광명이다. 『잡화기』도 이와
같이 말하였다.
241 총처總處라고 한 것은 입(口)이다.

鈔

面門卽口者는 以昔有解云호대 面門은 卽面之正容이요 非其口也라
하니라 又云호대 鼻下口上이라하니 以梵音에 呼面及口幷門하야 並云
目佉라할새 是故로 譯者解人이 取文非一이어니와 今以衆齒之間이라
할새 則口로 爲定解니라 表四十問者는 有四十齒故라 敎道逶舒는
卽敎智光이요 口生眞子는 唯取口義라 故로 法華云호대 從佛口生하
며 從法化生하야 得佛法分이라하니라 故下出現에 加於普賢하야 光明
入口니라 咀法昧下는 約齒明義니라 言總處者는 口爲說法處니 一切
法門을 總從此演故니라

면문은 곧 입이라고 한 것은, 옛날에 어떤 사람이 해석하여 말하기를
면문은 곧 얼굴의 정용正容이고 그 입이 아니다 하였다.
또 말하기를 코 아래 입의 위라 하였으니, 범음梵音에 얼굴과 그리고
입과 아울러 문門을 불러 함께 말하기를 목거目佉라 하였기에 이런
까닭으로 번역한 사람과 해석한 사람이[242] 문장을 취한 것이 하나가
아니거니와, 지금에는 수많은 치아 사이라 하였기에 곧 입으로

---

242 번역한 사람과 해석한 사람이라고 한 등은, 『잡화기』에 말하기를 말하자면
   저 목거라는 한 말이 이미 삼실三實에 통하는 까닭으로 번역한 사람은 면문面
   門을 취하고, 해석한 사람은 처음에는 그 면문을 취하고 뒤에는 구문口門을
   취한 것이다. 그러한즉 자가(自家-번역자·해석자)는 구문을 취하여 면문을
   해석한 것이다고 말하였다. 여기 『잡화기』에 삼실이라고 한 것은 얼굴과
   입과 문門이다. 『유망기』에 문門은 창문을 말하는 것이니, 여기서는 口로써
   面의 門을 삼는다 하였다.

정해定解를 삼은 것이다.

사십 가지 질문을 표한 것이라고 한 것은 사십 개의 치아가 있는
까닭이다.

교도를 멀리까지 편다고 한 것은 곧 교·지(敎·智)의 광명이요,
입에서 참 자식을 출생한다고 한 것은 오직 입의 뜻만을 취한 것이다.
그런 까닭으로 『법화경』에 말하기를 부처님의 입으로 좇아 출생하며
법화法化로 좇아 출생하여 불·법의 분을 얻게 한다 하였다.

그런 까닭으로 아래 출현품에도 보현을 가피하여 광명이 입으로
들어가게 한 것이다.[243]

진리의 자미를 씹었다고 한 아래는 치아를 잡아 뜻을 밝힌 것이다.

총처라고 말한 것은 입으로 설법하는 처소를 삼은 것이니
일체 법문을 다 이 입으로 좇아 연설하는 까닭이다.

---

[243] 광명이 입으로 들어가게 한다고 한 것은 여래의 광명이 보현의 입에 들어가는
것이니 교敎는 입으로 전함을 표한 것이다. 『잡화기』도 그 뜻이 이와 같다.

經

放佛刹微塵數光明하시니

부처님 국토에 작은 티끌 수만치 많은 광명을 놓으시니

疏

三에 **放佛下**는 顯光體니 隨機多演故니라

세 번째 부처님 국토에 광명을 놓는다고 한 아래는 광명의 자체를
밝힌 것이니
근기를 따라 많은 광명을 연출演出하는 까닭이다.

經

所謂 衆寶華遍照光明과 出種種音하야 莊嚴法界光明과 垂布微
妙雲光明과 十方佛坐道場하야 現神變光明과 一切寶焰雲蓋光
明과 充滿法界無礙光明과 遍莊嚴一切佛刹光明과 逈建立淸
淨金剛寶幢光明과 普莊嚴菩薩衆會道場光明과 妙音稱揚一切
佛名號光明이라

말하자면 수많은 보배 꽃이 두루 비추는 광명과
가지가지 음성을 내어 법계를 장엄하는 광명과
미묘한 구름을 내려 펼치는 광명과
시방에 부처님이 도량에 앉아 신통변화를 나타내는 광명과
일체 보배 불꽃에 구름 일산 광명과
법계에 충만한 걸림 없는 광명과
일체 부처님의 국토를 두루 장엄하는 광명과
멀리 청정한 금강 보배 당기를 건립하는 광명과
널리 보살 중회의 도량을 장엄하는 광명과
묘한 음성으로 일체 부처님의 명호를 칭양하는 광명입니다.

疏

四에 所謂下는 列光明이라 略列十名이니 皆從體用立稱이라

네 번째 말하자면이라고 한 아래는 광명의 이름을 열거한 것이다.

간략하게 열 가지 이름만 열거하였나니
다 자체와 작용으로 좇아 이름을 세운 것이다.[244]

---

244 다 자체와 작용으로 좇아 이름을 세운 것이라고 한 것은, 처음에 이름은
자체와 작용을 함께 좇아 그 이름을 세운 것이고, 저 제오와 제팔은 자체로
좇아 이름을 세운 것이고, 나머지 이름은 다 작용을 좇아 이름을 세운 것이다.
다(皆從云云)라고 말한 것은 다만 이 열 가지 이름이 다시 나머지 이름을
의지하지 않고 다 자체와 작용을 좇아 이름한 것을 말한 것일지언정, 이
열 가지 이름이 낱낱이 다 자체와 작용을 갖추고 있음을 말한 것은 아니다.
역시 『잡화기』의 말이다.

經

如是等佛刹微塵數니라

이와 같은 등이 부처님 국토의 작은 티끌 수만치 많았습니다.

疏

五에 如是下는 結光數라

다섯 번째 이와 같은 등이라고 한 아래는 광명의 수를 맺는 것이다.

經

一一復有佛刹微塵數光明하야 以爲眷屬하니

낱낱 광명에 다시 부처님 국토의 작은 티끌 수만치 많은 광명이
있어서 권속을 삼았나니

疏

六에 一一下는 彰眷屬이라

여섯 번째 낱낱 광명이라고 한 아래는 권속광명을 밝힌 것이다.

經

其光悉具衆妙寶色하야

그 광명이 다 수많은 묘한 보배 색상을 갖추어

疏

七에 其光下는 辯色相이니 衆寶隱映은 表教道含容이라

일곱 번째 그 광명이라고 한 아래는 광명의 색상을 분별한 것이니 수많은 보배가 은연히 비추는 것은 교도教道가 포함하여 용납함을 표한 것이다.

經

普照十方各一億佛刹微塵數世界海하니

널리 시방으로 각각 일억 부처님 국토의 작은 티끌 수만치 많은
세계의 바다를 비추니

疏

八에 普照下는 明光應遠이라

여덟 번째 널리 비춘다고 한 아래는 광명이 멀리까지 응함을 밝힌
것이다.

經

彼世界海에 諸菩薩衆이 於光明中에 各得見此華藏莊嚴世界
海하니라

저 세계의 바다에 모든 보살 대중이 광명 가운데 각각 이 화장장엄세
계의 바다를 봄을 얻었습니다.

疏

九에 彼世界下는 彼衆感通이라

아홉 번째 저 세계의 바다라고 한 아래는 저 대중이 감동케 함에
통하는 것이다.

經

以佛神力으로 其光이 於彼一切菩薩衆會之前에 而說頌言호대

부처님의 신통력으로써 그 광명이 저 일체 보살의 대중이 모인
앞에서 게송을 설하여 말하기를

疏

十에 以佛下는 偈聲命召이니 卽通擧十號하야 示爲所歸라

열 번째 부처님의 신통력이라고 한 아래는 광명이 게성偈聲으로
명령하여 소집한 것이니,
곧 여래의 십호十號를 모두 들어 귀의할 바가 됨을 보인 것이다.

鈔

通擧十號者는 佛德無邊이나 十號略盡이라 故로 法華第三云호대 我
是如來며 應供正遍知며 明行足善逝며 世間解無上士며 調御丈
夫며 天人師佛世尊이니 未度者令度하며 未解者令解하며 未安者令
安하며 未涅槃者를 令得涅槃하야 今世後世를 如實知之니라 我是一
切知者며 一切見者니 汝等天人과 阿脩羅衆은 皆應到此하라 爲聽法
故라하니 斯卽擧十號以召하니라 然이나 初엔 但云如來도 亦復如是
하야 出現於世호대 如大雲起하야 遍覆三千大千世界라하니 則通局

有異하고 又下衆集에 但云天人과 阿脩羅等이라하니 勝劣小異耳니라 今取彼意일새 故以十號로 釋經이니 十號之義는 法界品에 方辯하리라

곧 여래의 십호를 모두 들었다고 한 것은 부처님의 공덕이 끝이 없지만 십호로써 간략하게 다 설한 것이다.
그런 까닭으로 『법화경』 제삼권에 말하기를
나는 이 여래이며
응공이며
정변지이며
명행족이며
선서요 세간해이며
무상사이며
조어장부이며
천인사이며
불이며
세존이니,
아직 제도하지 못한 이를 하여금 제도하게 하며,
아직 알지 못한 이를 하여금 알게 하며,
아직 안락하지 못한 이를 하여금 안락케 하며,
아직 열반을 얻지 못한 이를 하여금 열반을 얻게 하여,
금세今世와 후세後世를 여실히 알게 하는 것이다.
나는 이 일체지자이며 일체견자一切見者이니,

그대 등 하늘과 인간과 아수라 대중은 응당 여기에 (나에게) 오라.

법문을 듣기 위한 까닭이다 하였으니

이것은 곧 십호를 들어 소집한 것이다.

그러나 법화의 처음 경문에는[245] 다만 말하기를 여래도 또한 다시
이와 같아서 세간에 출현하시되 마치 큰 구름이 일어남과 같이
두루 삼천대천세계를 덮는다고만 하였으니 곧 통하고 국한함이[246]
다름이 있고,

또 아래 중집衆集에는 다만 말하기를 하늘과 인간과 아수라 등이라고
만 하였으니 수승하고 하열함이[247] 조금 다름이 있을 뿐이다.

지금에는 저 『법화경』의 뜻을 취하기에 그런 까닭으로 십호로써
이 『화엄경』을 해석하였으니,

십호의 뜻은 법계품에서 바야흐로 분별하겠다.

---

245 그러나 법화의 처음 경문(然初云云)이라 한 등은, 다시 『법화경』의 초두에
   경문을 인용하여 저 법화의 국한한 것과 여기 화엄의 통하는 것이 다름을
   밝힌 것이다. 역시 『잡화기』의 말이다.

246 통하고 국한한다고 한 것은 통은 화엄이니 시방의 삼천대천세계라 하고,
   국한은 법화이니 다만 삼천대천세계라고만 하였다.

247 수승하고 하열하다고 한 것은 수승은 화엄이니 보살중菩薩衆이고, 하열은
   법화이니 하늘·인간·아수라 등이다.

經

無量劫中修行海하야 供養十方諸佛海하고
化度一切衆生海일새 今成妙覺遍照尊이니다

한량없는 세월 가운데 행의 바다를 닦아
시방에 모든 부처님의 바다에 공양하고
일체중생을 교화하여 제도하였기에
지금에 묘각변조존妙覺遍照尊을 성취하셨습니다.

疏

十偈在文하야 且分爲五하리니 初六偈는 自彰因果已圓하야 勸同
觀禮라 於中初一은 總明二利因滿하야 成正遍知라

열 가지 게송은 문장에 있어 또한 분류하여 다섯 가지로 하리니
처음에 여섯 게송은 스스로 인·과가 이미 원만하여 같이 관찰하고
예경하기를 권함을 밝힌 것이다.
그 가운데 처음에 한 게송은 이리二利의 원인(因)이 원만하여 정변
지[248] 성취하심을 한꺼번에 밝힌 것이다.

---

248 정변지는 경문에는 묘각변조존이라 하였다.

經

毛孔之中出化雲하야 光明普照於十方하니
應受化者咸開覺하야 令趣菩提淨無礙니다

털구멍 가운데 변화의 구름을 내어
광명이 널리 시방을 비추니
응당 교화를 받을 사람은 다 개각開覺하여
하여금 보리에 나아가 청정하여 걸림이 없게 하셨습니다.

疏

次一에 毛光開覺은 是明行足이라

다음에 한 게송에 털구멍에 광명이 다 개각하였다고 한 것은 이것은
명행족이다.

經

佛昔往來諸趣中하야 敎化成熟諸群生하사대
神通自在無邊量일새 一念皆令得解脫이니다

부처님이 옛날에 제취諸趣 가운데 왕래하여
모든 군생을 교화하여 성숙케 하시되
신통이 자재하여 끝도 한량도 없었기에
한 생각에 다 하여금 해탈을 얻게 하셨습니다.

疏

次一頌에 往來諸趣는 是世間解요 一念解脫은 可謂善逝라

다음에 한 게송에 제취에 왕래하였다고 한 것은 이것은 세간해요,
한 생각에 해탈케 하였다고 한 것은 가히 선서라 말할 것이다.

經

摩尼妙寶菩提樹가　　種種莊嚴悉殊特하나니

佛於其下成正覺하시고 放大光明普威耀니이다

마니의 묘한 보배인 보리수가

가지가지 장엄으로 다 수특殊特하나니

부처님이 그 아래서 정각을 이루시고

큰 광명을 놓아 널리 위엄스레 비추십니다.

疏

次一에 云成正覺은 卽佛義焉이라

다음에 한 게송에 정각을 이루었다고 말한 것은 곧 부처라는 뜻이다.

經

大音震吼遍十方하사 普爲弘宣寂滅法하사대
隨諸衆生心所樂하사 種種方便令開曉하니다

큰소리로 진동하고 사자후하여 시방에 두루하사
널리 적멸법을 크게 선설하시되
모든 중생의 마음에 좋아하는 바를 따라서
가지가지 방편으로 하여금 열어 알게 하십니다.

疏

次一에 大音演寂은 謂無上士요 隨心開覺은 是調御丈夫라

다음에 한 게송에 큰소리로 적멸법을 연설하신다고 한 것은 무상사
를 말한 것이요
마음을 따라 열어 깨닫게[249] 하신다고 한 것은 곧 조어장부이다.

---

[249] 소문에 개각開覺은 경문에 개효開曉라 하였다.

經

往修諸度皆圓滿하사 等於千刹微塵數하며
一切諸力悉已成하시니 汝等應往同瞻禮니이다

지나간 옛날에 모든 바라밀을 닦아 다 원만히 하여
일천 국토의 작은 티끌 수와 같이 하였으며
일체 모든 힘을 다 이미 원만하게 성취하였나니
그대 등은 응당 가서 다 우러러보고 예경할 것입니다.

疏

次一에 諸力皆圓은 卽天人師也라

다음에 한 게송에 모든 힘을 원만하게 성취하였다고 한 것은 곧
천인사이다.

經

十方佛子等刹塵이나 悉共歡喜而來集하야
已雨諸雲爲供養하고 今在佛前專觀仰이니다

시방에 불자가 국토의 티끌 수같이 많지만
다 함께 환희로 모여와
이미 모든 구름을 비 내려 공양하고
지금 부처님 앞에 있으면서 오로지 보고 우러릅니다.

疏

二에 有一頌은 明衆海已集하야 引例勸歸라 旣云已雨諸雲爲供
은 是應供也라 爲對引例일새 故不當次니라

두 번째 한 게송이 있는 것은 중해衆海[250]가 이미 운집하여 예例[251]를
이끌어 귀의하기를 권함을 밝힌 것이다.

이미 말하기를 이미 모든 구름을 비 내려 공양하였다고 한 것은
이것은 응공이다.
상대하여 예를 이끌었기에 그런 까닭으로 마땅히 차례로 되지 아니
하였다.[252]

---

250 중해衆海란, 경문에 시방에 불자를 말한다.
251 예例라고 한 것은 구름을 비 내려 공양하는 것이니 앞에 열 가지 구름공양이다.

252 그런 까닭으로 마땅히 차례로 되지 않았다고 한 것은, 강사가 말하기를
아래 입법계품에 열거한 바 십호는 곧 스스로 상도(보통)로 더불어 다름이
있나니, 응공이 처음에 있고 나머지 이름은 다 이 가운데 차례로 더불어
서로 같은 까닭으로 지금 소가가 유독 이 응공만 차례대로 하지 아니한
것이다. 이상은 다『잡화기』의 말이다.

經

如來一音無有量하사   能演契經深大海하야
普雨妙法應群心하시니 彼兩足尊宜往見이니다

여래의 한 소리는 한량이 없어서
능히 계경契經의 깊고도 큰 바다를 연설하여
널리 묘한 법을 비 내려 군생의 마음에 응하시니
저 양족존을 마땅히 가서 친견할 것입니다.

疏

三에 一頌은 圓音隨機니 見必蒙益이라 結云兩足尊은 卽世尊也라

세 번째 한 게송은 여래의 원만한 소리는 근기를 따르나니 보는
이는 반드시 이익을 입을 것이다.
맺어 말하기를 양족존을 친견하라고 한 것은 곧 세존이다.

經

三世諸佛所有願을　　菩提樹下皆宣說하대
一刹那中悉現前하시니 汝可速詣如來所니이다

삼세에 모든 부처님이 소유한 서원을
보리수 아래서 다 선설하되
한 찰나 가운데 다 앞에 나타내시나니
그대들은 가히 여래의 처소에 빨리 나아갈 것입니다.

疏

四에 一頌은 義海頓演이니 宜速及時라 如三世佛의 大願而來일새
故結云如來也니라

네 번째 한 게송은 의해義海를 문득 연설하나니 마땅히 빨리 미치는
시간에 연설하는 것이다.
삼세에 부처님의 큰 서원과 같이 오시기에 그런 까닭으로 맺어
말하기를 여래라 하였다.

經

毘盧遮那大智海가　　面門舒光無不見거늘
今待衆集將演音하나니 汝可往觀聞所說이니이다

비로자나 큰 지혜의 바다가
면문에 놓은 광명을 보지 않는 이가 없거늘
지금에 대중이 운집함을 기다려 장차 법음을 연설하려 하나니
그대들은 가히 가서 설하는 바를 보고 들을 것입니다.

疏

五에 一頌은 特命有緣이니 是光本意라

다섯 번째 한 게송은 특히 인연 있는 대중에게 명령한 것이니
이것이 광명의 본래 뜻이다.

청량 징관(淸涼 澄觀, 738~839)

중국 화엄종의 제4조.

절강성浙江省 월주越州 산음山陰 사람으로, 속성은 하후夏侯, 자는 대휴大休, 탑호는 묘각妙覺이다.

11세에 출가하여 계율, 삼론, 화엄, 천태, 선 등을 비롯, 내외전을 두루 수학하였다. 40세(777년) 이후 오대산 대화엄사에 머물면서 『화엄경』을 여러 차례 강설하였으며, 이를 토대로 『대방광불화엄경소』 60권, 『대방광불화엄경수소연의초』 90권을 저술하고 강의하였다. 796년에는 반야삼장의 『40권 화엄경』 번역에 참여하였고, 덕종에게 내전에서 화엄의 종지를 펼쳤다. 덕종에게 청량국사淸涼國師, 헌종에게 승통청량국사僧統淸涼國師라는 호를 받는 등 일곱 황제의 국사를 지냈다.

저서로 『화엄경주소華嚴經註疏』, 『화엄경수소연의초華嚴經隨疏演義鈔』, 『화엄경강요華嚴經綱要』, 『화엄경략의華嚴經略義』, 『법계현경法界玄鏡』, 『삼성원융관문三聖圓融觀門』 등 400여 권이 있다.

관허 수진貫虛 守眞

1971년 문성 스님을 은사로 출가, 1974년 수계, 해인사 강원과 금산사 화엄학림을 졸업하고, 운성, 운기 등 당대 강백 열 분에게 10년간 참문수학하였다.

1984년부터 수선안거 10년을 성만하고, 1993년부터 7년간 해인사 강원 강주로 학인들을 지도하였다.

대한불교조계종 교육위원, 역경위원, 교재편찬위원, 중앙종회의원, 범어사 율학승가대학원장 및 율주를 역임하였다.

현재 부산 승학산 해인정사에 주석하면서, 대한불교조계종 고시위원장, 단일계단 계단위원·존증아사리, 동명대학교 석좌교수, 동명대학교 세계선센터 선원장 등의 소임을 맡고 있다.

청량국사화엄경소초 18-여래현상품 ①

초판 1쇄 인쇄 2022년 5월 17일 | 초판 1쇄 발행 2022년 5월 27일
청량 징관 찬술 | 관허 수진 현토역주 | 펴낸이 김시열
펴낸곳 도서출판 운주사

(02832) 서울시 성북구 동소문로 67-1 성심빌딩 3층

전화 (02) 926-8361 | 팩스 0505-115-8361

ISBN 978-89-5746-676-6 94220
ISBN 978-89-5746-592-9 (총서) 값 15,000원

http://cafe.daum.net/unjubooks 〈다음카페: 도서출판 운주사〉